MARCO AGISANDER LUNARDI

comandos
Linux
"Prático e didático"

Comandos Linux: Prático e didático

Copyright© 2006 Editora Ciência Moderna Ltda.

Todos os direitos para a língua portuguesa reservados pela EDITORA CIÊNCIA MODERNA LTDA.

Nenhuma parte deste livro poderá ser reproduzida, transmitida e gravada, por qualquer meio eletrônico, mecânico, por fotocópia e outros, sem a prévia autorização, por escrito, da Editora.

Editor: Paulo André P. Marques

Supervisão Editorial: João Luíz Fortes

Capa e Diagramação: Patricia Seabra

Revisão: Tereza Cristina N. Q. Bonadiman

Revisão de provas: Equipe Editora Ciência Moderna

Assistente Editorial: Daniele M. de Oliveira

Várias **Marcas Registradas** aparecem no decorrer deste livro. Mais do que simplesmente listar esses nomes e informar quem possui seus direitos de exploração, ou ainda imprimir os logotipos das mesmas, o editor declara estar utilizando tais nomes apenas para fins editoriais, em benefício exclusivo do dono da Marca Registrada, sem intenção de infringir as regras de sua utilização.

FICHA CATALOGRÁFICA

Lunardi, Marco Agisander
Comandos Linux: Prático e didático
Rio de Janeiro: Editora Ciência Moderna Ltda., 2006.

Servidor de arquivos; Sistema de tempo compartilhado
I — Título

ISBN: 85-7393-534-0	Informática	CDD 001642

Editora Ciência Moderna Ltda.
Rua Alice Figueiredo, 46 – Riachuelo
CEP: 20950-150– Rio de Janeiro, RJ – Brasil
Tel: (21) 2201-6662 – Fax: (21) 2201-6896
E-mail: Lcm@Lcm.com.br
www.Lcm.com.br

A Deus, por ter permitido
que eu escrevesse
este livro

AGRADECIMENTOS

Muitas pessoas ajudaram na produção deste livro, às quais agradeço. Mas agradeço em especial a minha família, Ana Paula, minha esposa e meus filhos Thiago e Victoria, a meus pais, que me ensinaram o que é certo, além de muitas outras coisas,ao Sr. Paulo André e ao George, da Editora Ciência Moderna, pelas muitas vezes que tive dúvidas na publicação deste e dos outros livros, ao grande Professor Amarildo, ao amigo Antonio Luis Ribeiro e à FAETEC – Faculdade de Tecnologia Thereza Porto Marques, de Jacareí – SP.

Meus avós, Áurea e Osvaldo Lunardi.

SUMÁRIO

C A P Í T U L O A..1
adduser 1
addgroup 4
alias...4
apropos 5
apt-cache..6
apt-cdrom add 7
apt-get..7
ar...8
arch 8
ark 9
arquivos e diretórios 9
at 21
atalhos..22
atq 26
atrm 26
awk 26

C A P Í T U L O B..**29**
badblocks 29
banner 29
basename...30
batch...30
bc..30
bdiff...31
bfs...31
bg 31
biff...32
bind...32

VIII | *Comandos Linux: Prático e didático*

break 32
bunzip2 32

CAPÍTULO C 33

cal 33
case 34
cat 36
cc 41
cd 42
cdplay 42
cfdisk 43
chage 43
chattr 45
checkalias 45
chfn 45
chgrp 46
chkconfig 48
chmod 48
chown 50
chroot 52
chsh 52
chvt 53
clear 54
clock 54
cmp 54
colrm 55
comentário 56
comm 57
compress 57
continue 58
cotas 58
cp 58
cpio 59
crontab 59
Criando um cron 66
cryptdir 67
cu 68
curinga 68
cut 69
cvs 71

CAPÍTULO D 73

date 73
dc 75
dd 76
decryptdir 76
depmod 76
df 76
dialog 78
diff 82
diff3 84
dig 84
dir 84
diretórios 85
dirname 85
display 86
dmesg 86
dnsdomainname 86
dnsquery 87
done 87
domainname 88
dos2unix 88
du 88
dvips 89

CAPÍTULO E 91

e2fsck 91
echo 91
ed 96
edquota 96
egrep 96
Eject 98
else 99
emacs 99
env 99
erase 100
esac 100
ethereal 100
ex 101
exit 101
export 101
expr 101
extensões 102

x | *Comandos Linux: Prático e didático*

CAPÍTULO F 105

f77 105
false 105
fc 105
fdformat 105
fdisk 106
fg 107
fgconsole 107
fgrep 107
fi 109
file 109
find 111
finger 112
fonte 113
for 113
format 115
fortune 115
free 116
fsck 117
ftp 118
ftpwho 119
função 119
fuser 121

CAPÍTULO G 123

gaim 123
gcc 123
gdb 123
getty 124
ghostview 124
GID 124
gpasswd 125
gpg 125
gpm 126
grep 126
groupadd 130
groupdel 131
groupmod 131
groups 132
grpck 132
grpconv 133
grpunconv 133
gunzip 133

Sumário | **XI**

gv 134
gzexe 134
gzip 135

C A P Í T U L O H **137**

halt 137
head 138
help 139
history 139
host 141
hostname 142
Hwclock 142

C A P Í T U L O I **145**

id 145
if 147
ifconfig 148
ifdown 149
ifport 149
ifup 150
info 150
init 150
inode 151
insmod 151
ipcrm 152
ipcs 152
iptables 154
ispell 154

C A P Í T U L O J **155**

jed 155
jobs 155
joe 155

C A P Í T U L O K **157**

kbd_mode 157
kbdrate 158
kernel 159
kernelcfg 160
kill 160
killall 162
killall5 162

XII | *Comandos Linux: Prático e didático*

Kmail 163
kmid 163
kmidi 163
kmix 163
knode 163
konqueror 163
kpm 163
kscd 164
ksyms 164
kudzu 164
kuser 164

CAPÍTULO L 165

last 165
Lastb 168
lastlog 168
latex 169
ldconfig 170
ldd 170
less 170
lesskey 172
lha 173
licq 173
lilo 173
linux_logo 173
linuxconf 174
listalias 175
ln 175
loadkeys 178
locate 179
logger 179
login 180
logname 181
logout 182
logrotate 182
look 182
lpc 183
lpd 184
lpq 184
lpr 185
lprm 186
ls 187
lsattr 191

Sumário | XIII

lsdev 183
lsmod 183
lsof 194
lspci 195
lynx 196

CAPÍTULO M 197

m 197
mail 197
mailq 197
mailto 197
make 197
makedev 198
makewhatis 199
man 199
mattrib 200
mbadblocks 200
mc 200
mcd 201
mcopy 202
md5sum 203
mdel 203
mdeltree 203
mdir 203
mesg 204
messages 205
mformat 205
mingetty 206
minicom 208
mkbootdisk 208
mkdir 208
mkdosfs 209
mke2fs 209
mkefs 210
mkfs 210
mkpasswd 211
mkswap 213
mlabel 213
mmd 214
mmove 214
modprobe 214
módulos 216
more 216

XIV | *Comandos Linux: Prático e didático*

mount 218
mouseconfig 220
mpage 222
mpg123 224
mrd 224
mren 224
mt 225
mtools 225
mtr 226
mtype 226
mutt 226
mv 226

CAPÍTULO N 229

ncftp 229
nice 229
netconf 230
netconfig 230
netstat 230
newgrp 232
nl 232
nmap 234
nmblookup 244
nohup 244
nroff 245
nslookup 245
ntsysv 245

CAPÍTULO O 247

od 247
operadores 247

CAPÍTULO P 251

pack 251
parted 251
partições 251
passwd 252
paste 253
patch 255
path 257
permissões 258
sticky bit 263

Sumário | XV

pico 266
pine 267
ping 267
play 268
playmidi 269
poweroff 269
pr 269
printenv 271
printtool 272
processo 272
ps 273
pstree 275
pwck 276
pwconv 277
pwd 277
pwunconv 277

CAPÍTULO Q 279
quota 279
quotacheck 280
quotaoff 280
quotaon 281

CAPÍTULO R 283
rcp 283
RCS 283
rdate 283
reboot 283
rec 286
redirecionadores de E/S 286
rename 287
renice 288
repquota 289
rev 289
rewind 290
rgrep 290
rlogin 290
rm 291
rmdir 292
rmmod 293
root 293
route 293

Comandos Linux: Prático e didático

rpm 294
rsh 300
runlevel 301
rup 301
ruptime 301
rusers 301
rwho 301
rx 301

CAPÍTULO S 303

segundo plano 303
scp 303
scripts 309
sed 319
service 328
set 329
setclock 329
setfont 329
setserial 330
setterm 331
setup 333
sfdisk 333
sftp 335
sg 335
shell 335
showkey 336
shutdown 336
sistemas de arquivos 338
sleep 339
smbpasswd 340
sndconfig 341
sort 341
source 343
spell 343
split 343
ssh 345
startx 356
stat 357
strfile 358
strings 359

stty 360
su 361
sudo 362
SVGATextMode 363
SVGATextMode 80x29x9 363
swap 363
swapoff 364
swapon 364
symlinks 365
sync 365
sysctl 366

CAPÍTULO T 367

tac 367
tail 368
talk 369
tar 369
tcpdump 372
tee 373
telinit 374
telnet 375
tex 376
then 377
time 377
timeconfig 377
timed 378
timedc 378
tload 378
tm 378
top 379
touch 380
tput 381
tr 381
traceroute 383
tree 384
true 385
tset 385
tty 385
tunelp 385
type 386

XVIII | *Comandos Linux: Prático e didático*

CAPÍTULO U 387

uid 387
umask 387
umount 388
unalias 389
uname 389
unarj 391
uncompress 391
uniq 392
unset 394
until 394
unzip 396
updatedb 396
uptime 397
useradd 397
userconf 400
userdel 400
usermod 401
users 403
uucp 403
uudecode 404
uuencode 404

CAPÍTULO V 405

variáveis 405
vdir 407
vi 407
vigr 412
vim 413
vipw 414
visudo 415
vlock 415
vmstat 415

CAPÍTULO W 417

w 417
wall 418
watch 418
wc 419
wget 420
whatis 421
whereis 421

Sumário | XIX

which 422
while 423
who 423
who am i 424
whois 425
write 426
wvhtml 427

CAPÍTULO X 429

xargs 429
xinit 430
xterm 430
xxd 430

CAPÍTULO Y 431

ypdomainname 431

CAPÍTULO Z 433

zcat 433
zforce 433
zgrep 433
zgv 434
zip 434
zipgrep 434
zipinfo 434
zmore 434
znew 435

INTRODUÇÃO

Este livro segue a mesma linha dos anteriores, "Squid – Prático e didático" e "Samba – Prático e didático", em que a idéia era escrever um livro tratando de um assunto específico de Linux, podendo, desta maneira, ser mais objetivo, simples e claro.

Este livro trata de comandos Linux, alguns aplicativos e um pouco de informação.

Espero que você tenha uma boa leitura e faça bom uso deste livro.

ERRATAS

Espero que não haja erros neste livro, mas, caso encontre algum, por favor, comunique-os pelo e-mail marco@lunardi.biz.

COMO ESTE LIVRO ESTÁ ORGANIZADO

Para tornar a leitura mais objetiva, os capítulos são indexados em ordem alfabética. e então, quando procurar, por exemplo, pelo comando "shutdown", vá ao Capítulo S.

Atenção

A Internet, assim como a informática, evolui muito rápido, e a cada dia parece que evolui num ritmo mais rápido. As versões de aplicativos e endereços na Internet usados e comentadosaqui talvez não existam amanhã; portanto, sempre verifique a última versão do aplicativo, se existem bugs divulgados, se a versão está estável etc. e, nos casos de endereços na Internet, visite o endereço original ou subdiretórios do mesmo e verifique até mesmo se existe indicação para um novo link.

Início

Neste livro, iremos conhecer um pouco sobre os comandos do Linux, ou melhor, alguns dos muitos comandos do Linux, assim como ferramentas e aplicativos, que às vezes confundimos com comandos, além de um pouco de informação sobre o Linux. Este livro, diferente de muitos, não inclui histórias do Linux, glossário, etc. Serei direto, de maneira prática e didática tentando ser o mais claro possível.

Os comandos serão mostrados em ordem alfabética e da seguinte forma:

nome_do_comando

Explicação sobre o comando e, na linha a seguir exemplos.

nome_do_comando

Ou às vezes assim:

nome_do_comando

nome_do_comando e exemplo
Explicação sobre o comando, já com o exemplo.

Caso algum comando tenha algum relacionamento com algum outro, será colocado após o mesmo:

Veja também: comando

Na apresentação de cada comando, além da definição do mesmo, sempre que possível tentei mostrar outros assuntos, como no exemplo a seguir:

cat /etc/fstab

Lista a tabela de partições e arquivos de sistema, conforme mostra a próxima figura:

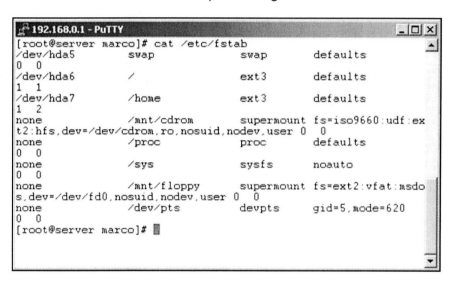

Além de apresentar a definição do comando cat, informei o arquivo que contém as informações de particionamento. Como objetivo, já no título deste livro, prático e didático, sempre que possível, colocarei informações diversas junto com um comando.

Antes de começar

Caracteres maiúsculos são difirentes de minúsculos. Por exemplo, Squid é diferente de squid.

Num arquivo, uma linha começando com # é um comentário.

Muitas vezes, as opções de comandos se iniciam com um hífen "-" e são seguidas por uma letra, como, por exemplo, iptables –help.

Neste livro, as linhas que começam com #, como

date –s 1622

indicam que estamos no console (terminal).

Verifique, SEMPRE, se o comando que está testando ou utilizando está instalado e se é compatível com a distribuição que você está usando!!!

Verifique se o comando pode ser executado como usuário comum ou se é necessário estar logado como root.

CAPÍTULO

adduser

Cria um usuário, sem senha, no sistema e, por default, é criado automaticamente um diretório em /home com o mesmo nome do usuário.

Os dados do usuário são colocados no arquivo /etc/passwd e os dados do grupo são colocados no arquivo /etc/group.

Caso você esteja usando senhas ocultas, o que é conhecido como "shadow" para os usuários, estas serão colocadas no arquivo /etc/shadow, e as senhas dos grupos no arquivo /etc/gshadow.

A configuração padrão usada pelo comando adduser é definida nos arquivos /etc/default/useradd e em /etc/login.defs. Veja o conteúdo do primeiro arquivo, conforme a próxima figura:

```
[root@firewall marco]# more /etc/default/useradd
# useradd defaults file
GROUP=100
HOME=/home
INACTIVE=-1
EXPIRE=
SHELL=/bin/bash
SKEL=/etc/skel
[root@firewall marco]#
```

2 | *Comandos Linux: Prático e didático*

O comando adduser cria uma entrada para o usuário no arquivo /etc/passwd, contendo o nome do usuário, o diretório etc.Veja um exemplo do final do arquivo, conforme a próxima figura:

```
192.168.0.1 - PuTTY                                          _ |□| ×
operator:x:11:0:operator:/root:
games:x:12:100:games:/usr/games:
gopher:x:13:30:gopher:/usr/lib/gopher-data:
ftp:x:14:50:FTP User:/srv/ftp:
hacluster:x:17:17:HA Cluster User:/var/lib/heartbeat/ccm:/bin/fa
lse
nobody:x:65534:65534:Nobody:/home:
www:x:51:51:WWW User:/srv/www:/bin/false
marco:x:500:500::/home/marco:/bin/bash
sshd:x:100:101:sshd:/var/empty:/bin/false
desliga:x:501:501::/home/desliga:/bin/bash
[root@firewall marco]#
```

Veja também: useradd

Sintaxe: adduser opção usuário

Opções:

-s shell:
Define o shell do usuário.

-u uid:
Define o valor do uid do usuário.

-d diretório:
Define o diretório home do usuário; caso contrário, será criado um diretório, como, por exemplo, /home/marco ou /home/amarildo etc.

-e:
Define a data de expiração da conta, sendo no formato MM/DD/AA.

-g grupo:
Define o grupo do usuário.

Comandos Linux: Prático e didático | 3

-G grupo(s):
Define outros grupos aos quais o usuário pode pertencer.

Exemplos:

adduser marco

Inclui o usuário marco.

adduser –d /home/lunardi marco

Inclui o usuário marco e também cria o seu diretório home, que será /home/lunardi, e não o default /home/marco.

adduser –e 11/04/06 marco

Cria o usuário marco e define que a conta irá expirar em 11/04/06, sendo MM/DD/AA.

adduser marco –g admin

Cria o usuário marco no grupo admin. O grupo deve ser criado primeiro.

adduser -g professor leticia

Cria usuário leticia no grupo professor

4 | *Comandos Linux: Prático e didático*

Dicas:

```
# adduser marco
# echo qwerty | passwd marco — stdin
```

Cria o usuário marco e já define uma senha (qwerty)
para o mesmo.

```
# useradd desliga
# echo $variavel_senha | passwd desliga —stdin
```

Cria o usuário desliga e depois define uma senha,
que neste caso é uma variável. Interessante para
se usar num script, pois você poderá solicitar que
o usuário entre com uma senha, sendo a mesma
armazenada na variável.

---

addgroup

Adiciona um novo grupo de usuários no sistema.

Veja também: groupadd

Exemplo:

```
# addgroup professor
```

Cria o grupo professor

alias

Cria-se nomes alternativos para comandos, ou melhor, cria-se
apelidos para os comandos, podendo-se inclusive usar comandos
com seus parâmetros.

Veja também: unalias

Exemplo:

```
# alias dir=ls
```

Cria-se um alias "dir" para o comando ls. Ao digitamos dir, será então listado o diretório corrente, conforme a próxima figura:

```
192.168.0.1 - PuTTY                                           _ □ ×
[root@server var]# dir
cache  empty  lib    lock   mail   opt       run    state
db     games  local  log    nis    preserve  spool  tmp
[root@server var]#
```

alias

Ao digitar o comando alias, serão listados todos os apelidos (alias) criados, conforme a próxima figura, inclusive o alias que crei anteriormente, o dir:

```
192.168.0.1 - PuTTY                                           _ □ ×
[root@server marco]# alias
alias cds='cd /etc/rc.d/init.d && ls'
alias cp='cp -i'
alias dir='ls'
alias l='ls -laF --color=auto'
alias ls='ls --color=auto'
alias m='minicom -s -con -L'
alias minicom='minicom -s -con -L'
alias mv='mv -i'
alias rm='rm -i'
alias tm='tail -f /var/log/messages'
alias tmm='tail -f /var/log/maillog'
alias tms='tail -f /var/log/secure'
alias which='type -path -a'
[root@server marco]#
```

apropos

Procura por comandos relacionados com uma palavra que você deve digitar.

Sintaxe: apropos palavra

Veja também: makewhatis

6 | *Comandos Linux: Prático e didático*

Exemplo:

apropos floppy

Serão mostrados todos os comandos relacionados com a palavra floppy, conforme a próxima figura:

```
192.168.0.1 - PuTTY                                          _ □ ×
[root@server var]# apropos floppy
fd                      (4)  - floppy disk device
fdformat                (8)  - Low-level formats a floppy disk
mbadblocks              (1)  - tests a floppy disk, and marks the
 bad blocks in the FAT
mformat                 (1)  - add an MSDOS filesystem to a low-l
evel formatted floppy disk
setfdprm                (8)  - sets user-provided floppy disk par
ameters
[root@server var]#
```

Tente usar palavras em inglês, assim o apropos irá achar o comando mais facilmente. Por exemplo, se você digitasse a palavra disquete, em vez de floppy, o comando apropos não iria mostrar nada.

Se o comando não funcionar, pode ser que o banco de dados *whatis* não tenha sido montado que é acessado pelo comando *apropos*. Para criar este banco de dados, execute *makewhatis*.

apt-cache

apt-cache search htpasswd

Procura onde está este arquivo, ou seja, faz a busca no cache do apt. Neste exemplo, isto é interessante, pois o arquivo htpasswd não faz parte do pacote do squid e é necessário para fazer autenticação, mas se encontra no pacote do apache, conforme a próxima figura:

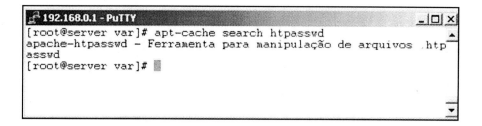

Além do search, ainda temos add, gencaches, showpkg, showsrc, stats, dump, dumpavail, unmet, show etc.

apt-cdrom add

Para adicionar CD-ROM na lista de fontes do APT, ou seja, atualiza e instala primeiramente pacotes dos cds e não dos sites/mirrors (Conectiva, etc). O arquivo que é atualizado é /etc/apt/sources.list.

Exemplo:

```
# apt-cdrom add
```

Será retornado:

Por favor, insira um disco no drive e pre...

Depois, insira o disco 1 e pressione <enter>. Repita o processo para os demais cds, que deverão ser 3, no caso da Conectiva Linux.

apt-get

Obtém, instala, atualiza e remove pacotes. Em modo gráfico, veja o Synaptic.

8 | *Comandos Linux: Prático e didático*

Exemplos:

```
# apt-get install squid
```
Instala o squid.

```
# apt-get install mc
```
Instala o editor mcedit.

```
# apt-get update
```
Obtém novas listas de pacotes.

```
# apt-get remove mc
```
Remove o editor mcedit.

ar

Originado de "archiver", este comando extrai arquivos.

Exemplo:

```
# ar -x arquivo.a teste1 teste2
```
Extrai os arquivos teste1 e teste2 do arquivo chamado arquivo.a.

arch

Informa a arquitetura do computador.

Exemplo:

```
# arch
```
Veja o resultado, conforme a próxima figura:

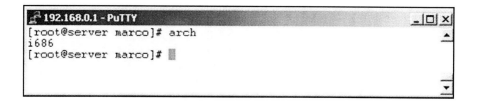

ark

Uma aplicação de back-up gráfica, no terminal X.

arquivos e diretórios

Veja também: partições, sistemas de arquivos

Cada diretório apresenta uma estrutura particular e alguns arquivos-chave para a configuração do sistema. É preciso lembrar aqui que um dispositivo físico é tratado no Linux como um arquivo e se encontra no diretório /dev. No início de cada arquivo, geralmente encontra-se um comentário, explicando a que se destina o arquivo e quais dados devem ser incluídos para configurá-lo. No Linux, assim como em alguns outros sistemas operacionais, sua estrutura de arquivos é conhecida como "estrutura de árvore" (tree-structured).

Um nome de arquivo que inicia com um ponto, como, por exemplo, .bash_history ou .bash_logout, é um arquivo oculto. Geralmente estes arquivos são usados para guardar configurações de preferências de usuário, bem como outras informações de configuração.

Alguns diretórios e arquivos importantes do Linux:

/bin

Utilitários do sistema. Arquivos executáveis que são usados com freqüência e por usuários comuns.

/boot

Arquivos do boot, utilizados durante a inicicialização do sistema e o Kernel. O grub fica neste diretório.

/dev

Todo hardware que está instalado, ou seja, os dispositivos (modem, mouse, teclado, cd-rom etc., além das portas seriais e palalelas).

/etc

Configurações diversas do sistema.

/etc/X11

Configurações relacionadas ao sistema de janelas X, como, por exemplo, configuração do teclado e comportamento de alguns programas no ambiente gráfico.

/etc/inetd.conf

O arquivo /etc/inetd.conf contém uma lista de processos que são ativados sob demanda pelo daemon inetd (Internet Daemon).

/etc/init.d

Diretório que contém scripts para a inicialização de serviços da máquina, que na verdade é um link simbólico para o diretório /etc/rc.d/init.d.

/etc/sysconfig

Arquivos de configuração do sistema para os dispositivos.

/etc/sysconfig/hwconf

Contém a lista dos periféricos instalados.

Veja também: lspci.

/etc/sysconfig/network-scripts/

Contém a configuração da rede, incluindo ip, eth etc.

/etc/DIR_COLORS

Arquivo de configuração de cores para os terminais e principalmente pelo comando ls.

/etc/crontab

Arquivo de configuração do cron, que é o servidor utilizado para executar serviços agendados.

/etc/exports

Arquivo que serve para controlar o acesso a sistemas de arquivos que estão sendo exportados para clientes NFS.

/etc/fstab

Contém uma lista com os sistemas de arquivos (isto não significa que estejam montados) e opções padrão para a montagem destes sistemas.

Alguns tipos de sistemas de arquivos:

- ext2 é o tipo padrão do Linux.

- ext3 é um padrão mais novo.

- swap é uma área de troca.

- auto define que o tipo do sistema de arquivos contido no dispositivo deve ser automaticamente detectado.

- iso9660 é o sistema de arquivos utilizado pelo CDROM.

- vfat é o sistema de arquivos do Windows.

- msdos é o sistema de arquivos do MS-DOS.

- E ainda: minix, ext, xiafs, hpfs, nfs, affs, ufs etc.

Algumas opções de montagem do sistema de arquivos:

- async – as operações de E/S são realizadas assincronamente.

- auto – o sistema pode ser montado durante a inicialização ou pode ser montado com o comando mount -a.

Comandos Linux: Prático e didático

- defaults – usa as opções padrão: rw, suid, dev, exec, auto, nouser e async.
- dev – interpreta dispositivos especiais de blocos ou caractere.
- exec – permite que os programas sejam executados a partir do dispositivo.
- noauto – não pode ser montado com o comando mount -a (deve ser montado explicitamente).
- noexec – não permite que os programas sejam executados a partir do dispositivo.
- nosuid – não permite o uso dos bits de configuração de identificação de usuário ou de grupo.
- nouser – não permite que o usuário comum monte o sistema de arquivos.
- ro – monta o dispositivo para leitura.
- rw – monta o dispositivo para leitura e gravação.
- suid – permite uso dos bits de configuração de identificação do usuário e do grupo.
- user – permite que o usuário comum monte o sistema de arquivos.

/etc/group

Arquivo que contém os grupos. Veja, na próxima figura, uma parte do arquivo:

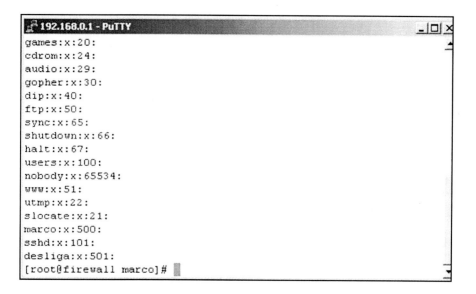

/etc/gshadow

Arquivo que contém as senhas dos grupos.

/etc/inittab

Arquivo de configuração dos níveis de execução (runlevel) do sistema.

/etc/issue

Este arquivo é usado como tela de inicialização, no modo texto, dos usuários. Este arquivo mostra o nome e a versão do sistema operacional, além do logotipo do Linux etc. Para conhecer os caracteres especiais que podem ser usados neste arquivo, veja mingetty.

/etc/issue.net

Este arquivo é usado como tela de inicialização em um login remoto. Assim como fez no item anterior, leia sobre o mingetty.

/etc/passwd

Contém informações sobre os usuários da máquina. Nesse arquivo fica armazenado o nome do usuário, seu nome real, diretório pessoal, senha criptografada, interpretador de comandos a ser usado e outras informações específicas do usuário. Veja, na próxima figura, uma parte do arquivo:

```
192.168.0.1 - PuTTY                                            _ □ x
lp:x:4:7:lp:/var/spool/lpd:
sync:x:5:65:sync:/sbin:/bin/sync
shutdown:x:6:66:shutdown:/sbin:/sbin/shutdown
halt:x:7:67:halt:/sbin:/sbin/halt
mail:x:8:12:mail:/var/spool/mail:
news:x:9:13:news:/var/spool/news:
uucp:x:10:14:uucp:/var/spool/uucp:
operator:x:11:0:operator:/root:
games:x:12:100:games:/usr/games:
gopher:x:13:30:gopher:/usr/lib/gopher-data:
ftp:x:14:50:FTP User:/srv/ftp:
hacluster:x:17:17:HA Cluster User:/var/lib/heartbeat/ccm:/bin/fa
lse
nobody:x:65534:65534:Nobody:/home:
www:x:51:51:WWW User:/srv/www:/bin/false
marco:x:500:500::/home/marco:/bin/bash
sshd:x:100:101:sshd:/var/empty:/bin/false
desliga:x:501:501::/home/desliga:/bin/bash
```

Analisando a linha do usuário marco, temos:

marco: usuário

X: tem senha

500: ID do usuário

500: ID do grupo

/home/marco: local dos arquivos do usuário

/bash: pode ser logar no sistema; caso troque bash por false, existirá o usuário no sistema, mas o mesmo não poderá se logar, ou seja, tira-se o interpretador de comando.

* bash – é um interpretador de comando

/etc/printcap

Contém as configurações para as impressoras ligadas ao sistema ou à rede. Nesses arquivos são configurados filtros e alguns outros recursos administrativos relativos a impressoras.

/etc/rc.local

Este arquivo é um link simbólico para /etc/rc.d/rc.local. Ele é um *script*, tendo como principal função atualizar arquivos de mensagens de inicialização do sistema e do idioma, entre outros arquivos (verifica arquivos como o /etc/issue e o /etc/motd). Ele será executado depois de todos os *scripts* de inicialização.

/etc/rc.sysinit

Executado no momento da inicialização do sistema, configura todas as informações necessárias para a utilização do sistema, como detalhes de rede, parâmetros do kernel e mapa de teclado, entre outras.

/etc/sysctl.conf

Contém informações de rede, inclusive de roteamento. Dentro deste arquivo existe uma linha para fazer roteamento de pacotes, que é:

net.ipv4.ip_forward = 0

Por default, vem com o valor 0, ou seja, não roteia. Pode-se fazer alteração pelo terminal da seguinte forma:

```
# sysctl -W net.ipv4.ip_forward = 0
```

Ou 1, conforme sua necessidade.

16 | *Comandos Linux: Prático e didático*

/etc/securetty

Contém a relação de terminais considerados seguros. O superusuário só poderá acessar a máquina a partir desses terminais. Geralmente são listados apenas terminais acessíveis localmente.

/etc/shadow

Contém as senhas shadow dos usuários. Senhas shadow são usadas para proteger senhas do sistema, fazendo com que o arquivo que contém estas senhas, o /etc/shadow, seja legível somente pelo root. Quando senhas shadow são usadas, elas substituem as senhas criptografadas no arquivo /etc/passwd por asteriscos. Mover as senhas para /etc/shadow torna mais improvável que as senhas criptografadas sejam descriptografadas, porque somente o root tem acesso ao arquivo.

/etc/shells

Lista dos interpretadores de comando válidos. Alguns servidores e comandos restringem o acesso do usuário aos interpretadores de comando relacionados nesse arquivo. Veja, na próxima figura, um exemplo do conteúdo deste arquivo:

```
192.168.0.1 - PuTTY                                      _|□|×
[root@firewall marco]# more /etc/shells
/bin/bash
/bin/sh
/bin/bsh
/bin/ash
[root@firewall marco]#
```

/etc/protocols

Contém a lista dos protocolos disponíveis, inclusive com os números. Veja uma parte na próxima figura:

```
192.168.0.1 - PuTTY                                          _ □ ×
ip        0      IP              # internet protocol, pseudo protoc
ol number
icmp      1      ICMP            # internet control message protoco
l
igmp      2      IGMP            # Internet Group Management
ggp       3      GGP             # gateway-gateway protocol
ipencap 4        IP-ENCAP        # IP encapsulated in IP (officiall
y ''IP'')
st        5      ST              # ST datagram mode
tcp       6      TCP             # transmission control protocol
egp       8      EGP             # exterior gateway protocol
pup      12      PUP             # PARC universal packet protocol
udp      17      UDP             # user datagram protocol
hmp      20      HMP             # host monitoring protocol
xns-idp  22      XNS-IDP         # Xerox NS IDP
rdp      27      RDP             # "reliable datagram" protocol
iso-tp4 29       ISO-TP4         # ISO Transport Protocol class 4
--Mais--(69%)
```

/etc/services

Contém as portas.

/etc/mtab

Este arquivo possui a lista dos sistemas de arquivos que estão montados no Linux.

Os campos exibidos neste arquivo significam: nome do sistema de arquivo, ponto de montagem, tipo do sistema de arquivos, opções de montagem, opção de cópia (backup) do sistema e ordem de verificação do sistema. Veja a próxima figura, que contém a listagem do arquivo:

```
mc - /                                                       _ □ ×
[root@server marco]# more /etc/mtab
/dev/hda6 / ext3 rw 0 0
none /proc proc rw 0 0
none /sys sysfs rw 0 0
/dev/hda7 /home ext3 rw 0 0
none /mnt/cdrom supermount ro,noexec,nosuid,nodev,fs=iso9660:udf:ex
t2:hfs,dev=/dev/cdrom 0 0
none /mnt/floppy supermount rw,noexec,nosuid,nodev,fs=ext2:vfat:msd
os,dev=/dev/fd0 0 0
none /dev/pts devpts rw,gid=5,mode=620 0 0
usbfs /proc/bus/usb usbfs rw 0 0
[root@server marco]#
```

Comandos Linux: Prático e didático

/home
Diretórios dos usuários.

/home/marco
Diretório do usuário marco.

/lib
Bibliotecas.

/lib/modules
Módulos externos do kernel para dispositivos e funções.

/mnt
Ponto de montagem de partição, ou seja, local onde são montados discos e volumes temporários (disquete, outros HDs, CD-ROM etc.).

/proc
Procedures e sistema de arquivos virtual (na memória) com dados do Kernel.

/root
Diretório local do root.

/sbin
Arquivos de administração de sistema essenciais, como os comandos do /bin., embora não sejam utilizados pelos usuários comuns.

/tmp
Arquivos temporários gerados pelos utilitários (programas e aplicativos).

/usr
Contém arquivos de todos os programas e bilbiotecas para a serem utilizados pelos usuários do Linux.

/usr/X11R6
Arquivos do X Window System e seus aplicativos.

Comandos Linux: Prático e didático

/usr/bin

Executáveis em geral, ou seja, contém praticamente todos os comandos de usuários. Alguns outros podem ficar no diretório /bin ou, com menos freqüência, no diretório /usr/local/bin. Executávies de administração do sistema não necessários pelo kernel, como, por exemplo, servidores.

/usr/include

Arquivos para serem utilizados em linguagens de programação.

/usr/info

Documentos de informações.

/usr/lib

Bibliotecas dos executávies encontrados no /usr/bin.

/usr/local

É usado para armazenar os programas instalados localmente e que não se encontravam empacotados com o RPM.

/usr/man

Manuais.

usr/share/doc

Neste diretório encontra-se a maioria da documentação disponível da distribuição, como páginas de manual (*man pages*), arquivos Como Fazer (*HOWTOs*) e a documentação dos programas, entre outros.

/var

Logs, variáveis, etc (num servidor de e-mail arquiva-se o que é temp aqui)

/var/lib

Bibliotecas que mudam enquanto o sistema está rodando.

Comandos Linux: Prático e didático

/var/lib/slocate/slocate.db

Arquivo de banco de dados que contém a lista a ser utilizada pelo comando locate.

/var/local

Arquivos variáveis de programas que estão rodando.

/var/lock

Travas para indicar que um programa está utilizando um determinado dispositivo.

/var/log

Arquivos de log do sistema (erros, logins etc.).

/var/log/messages

Arquivo de log. Se o seu syslogd estiver corretamente configurado, todas as conexões, bem ou malsucedidas, ficarão registradas neste arquivo. Veja, na próxima figura, um Exemplo:

```
192.168.0.1 - PuTTY                                          _|□|×
04.0.10
Dec  8 18:01:48 firewall adsl-stop: Killing pppd
Dec  8 18:01:48 firewall pppd[1917]: Terminating on signal 15.
Dec  8 18:01:48 firewall pppd[1917]: Connection terminated.
Dec  8 18:01:48 firewall pppd[1917]: Connect time 4.1 minutes.
Dec  8 18:01:48 firewall pppd[1917]: Sent 822 bytes, received 37
81 bytes.
Dec  8 18:01:48 firewall pppoe[1918]: read (asyncReadFromPPP): S
ession 21043: Input/output error
Dec  8 18:01:48 firewall pppoe[1918]: Sent PADT
Dec  8 18:01:48 firewall pppd[1917]: Connect time 4.1 minutes.
Dec  8 18:01:48 firewall pppd[1917]: Sent 822 bytes, received 37
81 bytes.
Dec  8 18:01:48 firewall pppd[1917]: Exit.
Dec  8 18:01:48 firewall adsl-connect: ADSL connection lost; att
empting re-connection.
Dec  8 18:01:48 firewall adsl-stop: Killing adsl-connect
Dec  8 18:01:57 firewall sshd[1993]: Accepted password for marco
 from 192.168.0.98 port 1056 ssh2
Dec  8 18:01:59 firewall su(pam_unix)[2009]: session opened for
user root by marco(uid=500)
[root@firewall marco]#
```

Comandos Linux: Prático e didático | 21

/var/run
Arquivos importantes ao sistema, úteis até o próximo boot (atualizações de softwares e kernel).

/var/spool
Diretório de filas de impressão, e-mail e outros.

/var/tmp
Arquivos temporários dos programas

at

Executa um comando numa data e hora, ou somente uma hora, especificadas. Verifique como está configurado o padrão de data/hora no seu sistema. Após digitar este comando, você deverá entrar com o(s) comando(s) a ser(em) executado(s). Para parar, pressione <CTRL> <d>. Cada tarefa a ser executada é incluída numa fila e recebe um número. Também é possível ler os comandos a serem executados a partir de um arquivo.

Veja também: atq e atrm

Exemplo:

```
# at 12:00
```

Depois irá aparecer:

```
at>
```

Onde deverá ser colocado o comando a ser executado.

Para listar a programação, digite at –l, conforme a próxima figura:

Comandos Linux: Prático e didático

```
192.168.0.1 - PuTTY                          _ |□| x|
[root@server marco]# at -l
5          2005-09-16 11:41 a
6          2005-09-16 12:00 a
[root@server marco]#
```

```
# at 12:00 -f arquivo
```

Irá executar os comandos que estão no arquivo de nome "arquivo".

atalhos

<Ctrl><Alt><F1>

Muda a tela para o primeiro terminal texto.

<Ctrl><Alt><Fn>

Muda a tela para o terminal texto número n, sendo n=17.

Na maioria das vezes é assim, do 1 ao 6 para modo texto e do 7 ao 12 para modo gráfico.

O mesmo poderia ser feito com o comando chvt.

<Ctrl><Alt><F7>

Muda a tela para o primeiro terminal gráfico.

<Tab>

Completa automaticamente a digitação de um comando, contanto que exista apenas uma opção com aquele nome; caso contrário, tecle o <Tab> duas vezes e serão mostradas as outras opções que se iniciam com o mesmo nome, como os arquivos teste1.txt e teste2.txt.

Comandos Linux: Prático e didático | 23

Por exemplo, no diretório /var/log/, existe o arquivo messages. Para editá-lo, basta digitar:

mcedit me

conforme mostra a próxima figura:

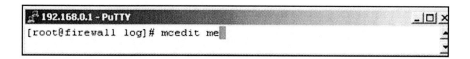

Depois, é só teclar o <Tab> e o nome do arquivo se completará, conforme a próxima figura:

Um outro exemplo, para executar o comando shutdown, é através do comando:

shu

conforme mostra a próxima figura:

Depois, tecla-se o <Tab> e o nome do comando se completa, conforme a próxima figura:

24 | *Comandos Linux: Prático e didático*

<Seta para cima>

Lista os últimos comandos, ou seja, o histórico de comandos. A <Seta para baixo> volta a listagem.

<Shift><PgUp>

Mostra telas anteriores, inclusive na inicialização do sistema. <Shift><PgDown>

Mostra telas à frente, depois de você ter usado o atalho anterior.

<Ctrl><Alt><BackSpace>

No ambiente gráfico, termina o servidor X corrente. Use esta seqüência caso o servidor X não possa ser terminado normalmente.

<Ctrl><Alt><Del>

Finaliza o sistema e reinicializa a máquina. Este é um processo normal e seguro, sendo totalmente diferente de se apertar o botão RESET.

<Ctrl>c

Em modo texto, fecha o processo corrente.

<Ctrl>d

Sendo pressionado no início de uma linha vazia, será fechada a sessão corrente do terminal, ou seja, haverá um logout.

<Alt><SysRq><k>

Esta combinação é conhecida como SAK (secure access key), ou seja, tecla de acesso seguro. Fecha todos os processos que estão rodando na console virtual correntemente ativa.

<Alt><SysRq><e>

Envia o sinal TERM para todos os processos em execução, exceto o processo init, solicitando que sejam fechados.

Comandos Linux: Prático e didático | 25

\<Alt\>\<SysRq\>\<i\>

Exceto para o init, será enviado um sinal KILL para todos os processos em execução.

\<Alt\>\<SysRq\>\<l\>

Envia o sinal KILL para todos os processos, inclusive para o processo init.

\<Alt\>\<SysRq\>\<s\>

Executa um sync (gravação dos buffers em disco) de emergência em todos os sistemas de arquivos montados. Isto pode evitar perda de dados.

\<Alt\>\<SysRq\>\<r\>

Desliga o modo direto do teclado. Interessante quando o modo gráfico trava. Depois é possível usar a famosa combinação de \<CTRL\>\<ALT\>\<DEL\>.

\<Alt\>\<SysRq\>\<b\>

Reinicia imediatamente a máquina sem fazer a gravação dos buffers ou a desmontagem dos sistemas de arquivos.

\<Alt\>\<SysRq\>\<o\>

Fecha o sistema, ou melhor, desliga a máquina.

\<Alt\>\<SysRq\>\<p\>

Mostra o conteúdo dos registradores e flags.

\<Alt\>\<SysRq\>\<t\>

Mostra uma lista de tarefas correntes e informações sobre elas.

\<Alt\>\<SysRq\>\<m\>

Mostra informações de memória.

\<Alt\>SysRq\>\<número\>

Sendo um número de 0 a 9, define o nível de exibição de mensagens que o kernel mostrará no console.

26 | *Comandos Linux: Prático e didático*

<Alt><SysRq><h>
Mostra o help, ou seja, a ajuda.

<Alt><SysRq><key>
Mostrará a mesma ajuda.

atq

É usado com o comando *at* e serve para listar a fila de processos. Tem a mesma função do comando at –l.

atrm

É usado com o comando at e serve para apagar um processo da fila. Deve-se colocar o número do processo a ser excluído. Veja a próxima figura:

```
192.168.0.1 - PuTTY                          _ □ ×
[root@server marco]# at -l
5          2005-09-16 11:41 a
6          2005-09-16 12:00 a
[root@server marco]#
```

Na figura anterior tínhamos 2 processos, o 5 e 6, para apagar o processor de número 6, simplesmente digite:

```
# atrm 6
```

awk

Procura por um modelo a partir de um arquivo. Inclui uma linguagem de programação embutida.

Exemplos:

```
# tail -f /var/log/squid/access.log | awk ´{print$1"
"$4" "$6" "$7" "$11}'
```

Neste exemplo, usando também o comando tail, irá listar todo o conteúdo do arquivo access.log e em tempo real. Uma maneira de listar somente as colunas desejadas seria assim: awk '{print$1" "$4" "$6" "$7" "$11}' onde os números acima são as colunas escolhidas e as (" ") servem para separá-las.

```
# grep eth -A 1 /etc/sysconfig/hwconf | awk '{print $2}'
| tac > /tmp/teste1
```

Gera o arquivo /tmp/teste1, invertendo (comando tac) o conteúdo com apenas a coluna 2.

CAPÍTULO B

badblocks

Verifica se um disquete de alta densidade tem bad blocks, ou melhor, blocos ruins.

Exemplo:

```
# badblocks /dev/floppy 1440
```

O parâmetro "1440" especifica a quantidade de blocos a serem verificados.

banner

É usado para criar palavras com letras maiores. O comando banner é usado em modo texto e usado em logons, criação de scripts etc.

Exemplo:

```
# banner teste
```

Será exibida a palavra teste em tamanho grande na tela.

basename

Um comando extremamente simples, mas vale a pena conhecê-lo. O comando basename devolve o nome de um arquivo dado um caminho (absoluto ou relativo).

Exemplo:

```
# basename /etc/passwd
```

Será exibido:

```
passwd
```

batch

Executa um comando numa data e hora, ou somente numa hora, especificadas. Verifique como está configurado o padrão de data/hora no seu sistema. Após digitar este comando, você deverá inserir o(s) comando(s) a ser(em) executado(s). Este comando é mais usado quando algum comando que vai demorar algum tempo e quando a carga do sistema está baixa. Mesmo que seja efetuado o logout no sistema, o processo continuará rodando.

Veja também: at

bc

De "bash calculator". É uma calculadora. Processa as informações a partir de um arquivo ou pode-se entrar com os valores.

Exemplo:

```
192.168.0.1 - PuTTY
[root@server marco]# echo 2+2|bc
4
[root@server marco]# echo 2+2-1|bc
3
[root@server marco]#
[root@server marco]#
```

Para instalar, digite:

```
# apt-get install bc
```

bdiff

Compara dois arquivos grandes.

bfs

Procura um arquivo grande.

bg

É usado para forçar um processo suspenso a ser executado em segundo plano, ou seja, um programa que está rodando em primeiro plano ou parado irá rodar em segundo plano. Para executar isso, primeiro é necessário interromper a execução do comando pressionando <CTRL> <Z>. Será mostrado o número da tarefa interrompida. Use este número com o comando bg para iniciar a execução do comando em segundo plano.

Sintaxe: bg número

biff

Avisa ao usuário quando chega uma correspondência.

bind

O comando bind permite alterar o comportamento das combinações de teclas com a finalidade de editara linha de comando.

Sintaxe: bind <seqüência de teclas> <comando>

break

O comando break é usado em estruturas de laço e tem a função de fazer a saída do referido laço, ou seja, o processo que está no laço sairá dele e continuará a seqüência do programa.

Sintaxe: break

Veja também: for, while e continue

bunzip2

De "big unzip". Descompacta um arquivo (*.bz2) compactado com o utilitário bzip2. Na maioria das vezes, é utilizado para arquivos grandes.

Exemplo:

```
# bunzip2 arquivo.bz2
```

CAPÍTULO

cal

Exibe um calendário.

Exemplos:

cal

Irá mostrar:

```
[root@server marco]# cal
      setembro 2005
Do Se Te Qu Qu Se Sá
               1  2  3
 4  5  6  7  8  9 10
11 12 13 14 15 16 17
18 19 20 21 22 23 24
25 26 27 28 29 30

[root@server marco]#
```

cal -y

Irá mostrar:

```
192.168.0.1 - PuTTY                                                    _ □ ×
Do Se Te Qu Qu Se Sá    Do Se Te Qu Qu Se Sá    Do Se Te Qu Qu Se Sá

                  1           1  2  3  4  5           1  2  3  4  5
 2  3  4  5  6  7  8     6  7  8  9 10 11 12     6  7  8  9 10 11 12
 9 10 11 12 13 14 15    13 14 15 16 17 18 19    13 14 15 16 17 18 19
16 17 18 19 20 21 22    20 21 22 23 24 25 26    20 21 22 23 24 25 26
23 24 25 26 27 28 29    27 28                   27 28 29 30 31
30 31
        abril                   maio                    junho

Do Se Te Qu Qu Se Sá    Do Se Te Qu Qu Se Sá    Do Se Te Qu Qu Se Sá

                  1  2     1  2  3  4  5  6  7           1  2  3  4
 3  4  5  6  7  8  9     8  9 10 11 12 13 14     5  6  7  8  9 10 11
10 11 12 13 14 15 16    15 16 17 18 19 20 21    12 13 14 15 16 17 18
17 18 19 20 21 22 23    22 23 24 25 26 27 28    19 20 21 22 23 24 25
24 25 26 27 28 29 30    29 30 31                26 27 28 29 30
        julho                  agosto                 setembro

Do Se Te Qu Qu Se Sá    Do Se Te Qu Qu Se Sá    Do Se Te Qu Qu Se Sá

                  1  2     1  2  3  4  5  6           1  2  3
 3  4  5  6  7  8  9     7  8  9 10 11 12 13     4  5  6  7  8  9 10
10 11 12 13 14 15 16    14 15 16 17 18 19 20    11 12 13 14 15 16 17
17 18 19 20 21 22 23    21 22 23 24 25 26 27    18 19 20 21 22 23 24
24 25 26 27 28 29 30    28 29 30 31             25 26 27 28 29 30
31
        outubro                novembro                dezembro

Do Se Te Qu Qu Se Sá    Do Se Te Qu Qu Se Sá    Do Se Te Qu Qu Se Sá

                  1           1  2  3  4  5           1  2  3
 2  3  4  5  6  7  8     6  7  8  9 10 11 12     4  5  6  7  8  9 10
 9 10 11 12 13 14 15    13 14 15 16 17 18 19    11 12 13 14 15 16 17
16 17 18 19 20 21 22    20 21 22 23 24 25 26    18 19 20 21 22 23 24
23 24 25 26 27 28 29    27 28 29 30             25 26 27 28 29 30 31
30 31

[root@server marco]#
```

case

Muito usado em scripts. O case, parecido como o if, serve para controle de fluxo, sendo que o if testa expressões não exatas e o case age de acordo com os resultados exatos. O case é muito usado em menus.

Sintaxe:

```
case $VAR in
  txt1) comandos ;;
  txt2) comandos ;;
  txt3) comandos ;;
  txtN) comandos ;;
      *) comandos ;;
esac
```

Melhorando o entendimento da sintaxe:

```
case "$variavel"in
     primeira_opcao)
          comando1
          comando2

     segunda_opcao)
          comando3
          comando4
     *)
          comando5

  esac
```

Um Exemplo:

```
case $VAR_TESTE in
  parametro1) comando1 ; comando2 ;;
  parametro2) comando3 ; comando4 ;;
  *) echo "Favor entrar com um parâmetro válido" ;;
esac
```

Comandos Linux: Prático e didático

O case lê a variável $VAR_TESTE, que é o primeiro parâmetro passado para o programa, e compara com valores exatos. Se a variável $VAR_TESTE for igual ao "parametro1", então o programa executará o comando1 e o comando2; se for igual ao "parametro2", executará o comando3 e o comando4. A última opção *), que é padrão do case, será executado automaticamente se o parâmetro passado não for igual a nenhuma das outras opções anteriores

cat

Concatena (combina) um ou mais arquivos e apresenta na saída padrão, lista um arquivo, além de outras funções.

Veja também: tac

Exemplos:

```
# cat teste1.txt
```

Lista o arquivo teste1.txt.

```
# cat teste1.txt | more
```

Lista o arquivo teste1.txt por partes (paginado).

```
# cat teste1.txt | grep mozilla | more
```

Lista o arquivo teste1.txt, mostrando somente as linhas que contêm a palavra mozilla, por partes.

```
# cat -n teste1.txt | more
```

Lista o arquivo teste1.txt por partes, numerando todas as linhas.

```
# cat -n teste1.txt > teste3.txt
```

Lista o arquivo teste1.txt, numerando todas as linhas dentro do novo arquivo teste3.txt.

Veja outro exemplo, desta vez o conteúdo do arquivo teste1:

```
3354    linha1
65756   linha2
345345  linha3
223     linha4
45325   linha5
```

Agora digitamos o comando:

```
# cat teste1 | sed 's/^.\{6\}//' > teste4
```

O resultado e o conteúdo do arquivo teste4 criado pelo cat:

```
linha1
linha2
linha3
inha4
linha5
```

Veja o conteúdo do arquivo teste1:

```
linha1 do teste1
linha2 do teste1
linha3 do teste1
```

Agora o conteúdo do arquivo teste2:

```
linha1 do teste2
linha2 do teste2
```

Agora digitamos o comando:

```
# cat teste1 teste2 > teste3
```

Comandos Linux: Prático e didático

Veja o conteúdo do arquivo teste3 criado agora pelo comando cat:

linha1 do teste1

linha2 do teste1

linha3 do teste1

linha1 do teste2

linha2 do teste2

Para criar um arquivo com o comando cat, digite:

```
# cat> teste4.txt
```

Depois, digite um texto qualquer e, quando terminar, pressione <CTRL> <d> numa linha vazia. Veja a próxima figura:

```
192.168.0.1 - PuTTY                                          _ | □ | x |
[root@server marco]# cat> texto4.txt
isto é só um teste
e nesta linha também é só um teste
[root@server marco]#
```

Depois, para verificar, digite:

```
# cat teste4.txt
```

Deverá ser mostrado algo conforme a próxima figura:

```
192.168.0.1 - PuTTY                                          _ | □ | x |
[root@server marco]# cat texto4.txt
isto é só um teste
e nesta linha também é só um teste
[root@server marco]#
```

cat /etc/mtab

Lista a tabela de partições e arquivos de sistema montados, conforme mostra a próxima figura:

```
[root@server teste]# cat /etc/mtab
/dev/hda6 / ext3 rw 0 0
none /proc proc rw 0 0
none /sys sysfs rw 0 0
/dev/hda7 /home ext3 rw 0 0
none /mnt/cdrom supermount ro,noexec,nosuid,nodev,fs=iso9660:u
df:ext2:hfs,dev=/dev/cdrom 0 0
none /mnt/floppy supermount rw,noexec,nosuid,nodev,fs=ext2:vfa
t:msdos,dev=/dev/fd0 0 0
none /dev/pts devpts rw,gid=5,mode=620 0 0
usbfs /proc/bus/usb usbfs rw 0 0
[root@server teste]#
```

cat /etc/fstab

Lista a tabela de partições e arquivos de sistema, conforme mostra a próxima figura:

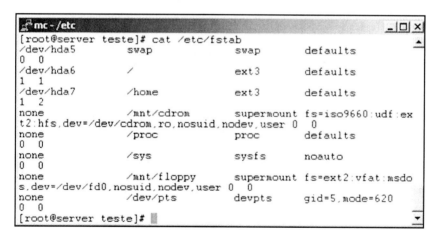

cat /etc/issue

Mostra qual distribuição do Linux está sendo usada.

Pode-se colocar uma mensagem, como, por exemplo, "bem-vindo," neste arquivo para que, quando for feito o login, a mesma seja exibida.

cat /proc/cpuinfo

Mostra informações sobre a CPU, conforme a próxima figura:

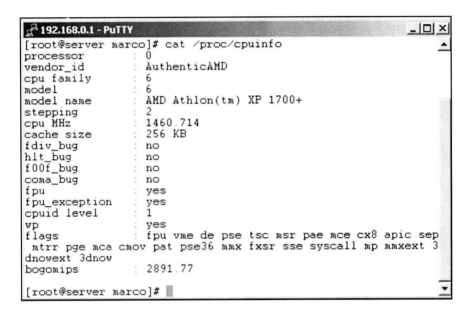

cat /proc/interrupts

Mostra as interrupções de hardware em uso, conforme a próxima figura:

cat /proc/version

Mostra principalmente a versão do Linux, conforme a próxima figura:

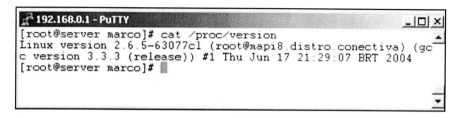

cat /proc/filesystems

Mostra os tipos de sistemas de arquivos em uso.

cat /etc/printcap

Mostra a configuração das impressoras.

cat /var/log/secure

Mostra o log do sistema, conforme a próxima figura:

cc

Um compilador para o C.

42 | *Comandos Linux: Prático e didático*

cd

De "change directory". Este comando tem a importante função de mudar o diretório.

Exemplos:

```
# cd ..
```
Retrocede um diretório.

```
# cd /etc/apt
```
De onde estiver, vai para o diretório /etc/apt.

```
# cd -
```
Muda para o diretório anterior.

cdplay

Um aplicativo para tocar CD de áudio.

Exemplos:

```
# cdplay
```
Toca o CD inteiro.

```
# cdplay play 1
```
Toca a primeira trilha do CD.

```
# cdplay stop
```
Pára.

cfdisk

Utilitário de particionamento de disco. Na prática, este comando é mais fácil de se usar do que o fdisk.

Exemplo:

```
# cfdisk /dev/hda
```

chage

Administra validade de senhas dos usuários.

Exemplos:

```
# chage -M 90 marco
```

Valida a senha do usuário marco por 90 dias.

```
# chage -W 5 marco
```

Número de dias durante os quais um aviso será dando antes da senha expirar; neste exemplo, 5 dias.

Quando se logar, o usuário irá receber uma mensagem parecida com:

```
Warning: your password will expire in 9 days
```

```
# chage -I 3 marco
```

Número de dias possíveis para alterar a senha após a expiração da mesma.

chage -I marco

Para mostrar informações de um usuário, deverá ser mostrado:

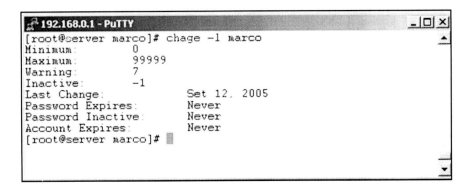

Neste exemplo, foram mostradas as informações do usuário marco, tais como se a senha expira, se a conta expira etc.

Pode-se também executar o comando puro com o nome do usuário e será questionado as respostas:

chage marco

Conforme mostra a figura:

chattr

Altera atributos avançados de um arquivo.

checkalias

Verifica o arquivo do usuário e arquivo de alias do sistema.

chfn

Este comando altera as informações não relevantes de um usuário, como nome completo, telefone etc. Esta informação é mostrada quando o comando finger é executado em seu login. Portanto, por segurança, deve ser desabilitado para usuários comuns.

Opções:

-f

Muda o nome completo do usuário.

-r

Muda o número da sala do usuário.

-w

Muda o telefone de trabalho do usuário.

-h

Muda o telefone residencial do usuário.

-o

Muda outros dados do usuário.

Exemplos:

chfn

Deverá surgir algo conforme a próxima figura:

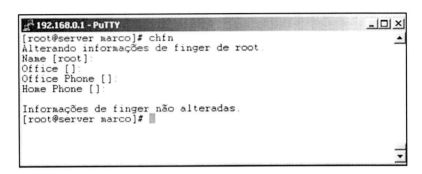

chfn -f "Marco Lunardi" root

Muda somente o nome do usuário root. Quando o nome contiver espaços, coloque-o entre aspas, conforme o exemplo acima.

chgrp

De "change group". Altera o dono (grupo) de arquivo ou diretório.

Exemplo:

Na próxima figura, veja quem é o grupo que é dono do diretório Aluno, o root.

Comandos Linux: Prático e didático | **47**

Vamos alterar para que o dono seja o grupo Aluno. e então, digite:

```
# chgrp aluno /home/aluno
```

Veja, na próxima figura, o novo dono, o grupo Aluno:

```
mc - /etc/samba                                                _|□|x|
[root@server home]# ls -la
total 60
drwxr-xr-x 12 root       root        4096 2005-08-12 15:17
drwxr-xr-x 20 root       root        4096 2005-07-13 22:51  ..
drwxrwx---  2 root       aluno       4096 2005-08-12 15:17 aluno
drwx-------  2 amarildo  professor   4096 2005-08-11 23:13 amarildo
drwxr-xr-x  6 root       root        4096 2005-08-12 00:24 livro
drwx-------  2 root       root       16384 2005-07-07 19:07 lost+found
drwx-------  2 marco      aluno       4096 2005-08-11 23:41 marco
drwx-------  2 nelson     professor   4096 2005-08-11 23:14 nelson
drwx-------  2 paulo      aluno       4096 2005-08-11 23:41 paulo
drwxrwx---  2 root       professor   4096 2005-08-12 15:17 professor
drwxrwxrwx  2 root       root        4096 2005-08-10 18:07 publico
drwx-------  2 roberto    professor   4096 2005-08-11 23:14 roberto
[root@server home]#
```

Assim como outros comandos do Linux, também pode-se usar o ID em vez do nome.

Dica:

Use também os comandos chown e chmod, para alterar o dono e as permissões, conforme próximo exemplo:

```
# chown -R makeasy /makeasy
# chgrp -R makeasy /makeasy
# chmod -R 775 /makeasy
```

Neste exemplo foi usado a opção –R para recurssivo e está alterando os donos do diretório /makeasy para o usuário e grupo makeasy, além de alterar as permissões.

---

chkconfig

Lista e altera ajustes para níveis de execução do sistema, ou melhor, serviços do sistema que não são automaticamente iniciados em diferentes níveis de execução (runlevel).

A próxima figura mostra as opções:

```
192.168.0.1 - PuTTY                                        _ |□| x|
[root@server marco]# chkconfig
chkconfig version 1.3.9 - Copyright (C) 1997-2000 Red Hat. In
c.
Este programa pode ser livremente redistribuido de acordo com
 os temos da licença pública GNU.

uso:     chkconfig --list [nome]
         chkconfig --add <nome>
         chkconfig --del <nome>
         chkconfig [--level <níveis>] <nome> <on|off|reset>)
[root@server marco]#
```

Exemplos:

```
# chkconfig —level 123456 kudzu off
```

Desabilita o kudzu para nenhum nível de execução.

```
# chkconfig -list
```

Lista todos os serviços iniciados e/ou interrompidos nos níveis de execução.

chmod

De "change mode". Troca a permissão de arquivo ou diretório.

Veja também: umask

Exemplos:

chmod 777 teste1.txt

Troca a permissão do arquivo teste1.txt. Neste exemplo, todos têm direito a tudo.

chmod -R 777 /home

Troca a permissão do diretório /home, assim como tudo o que estiver nele, pois usamos a opção –R, de recurssivo.

Veja as permissões do arquivo texto4.txt, conforme a próxima figura:

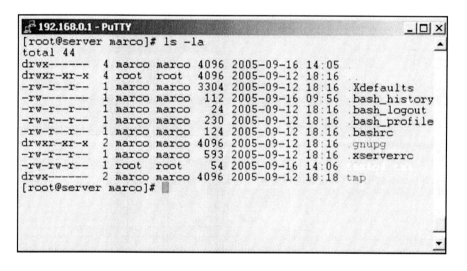

Agora, altere com o comando:

chmod 777 texte4.txt

Com isso, trocamos a permissão do arquivo para que todos tenham direito a tudo. Confira na próxima figura:

50 | *Comandos Linux: Prático e didático*

```
192.168.0.1 - PuTTY                                          _ |O| x|
[root@server marco]# ls -la
total 44
drwx------   4 marco  marco  4096 2005-09-16 14:05
drwxr-xr-x   4 root   root   4096 2005-09-12 18:16
-rw-r--r--   1 marco  marco  3304 2005-09-12 18:16 .Xdefaults
-rw-------   1 marco  marco   112 2005-09-16 09:56 .bash_history
-rw-r--r--   1 marco  marco    24 2005-09-12 18:16 .bash_logout
-rw-r--r--   1 marco  marco   230 2005-09-12 18:16 .bash_profile
-rw-r--r--   1 marco  marco   124 2005-09-12 18:16 .bashrc
drwxr-xr-x   2 marco  marco  4096 2005-09-12 18:16 .gnupg
-rw-r--r--   1 marco  marco   593 2005-09-12 18:16 .xserverrc
-rwxrwxrwx   1 root   root     54 2005-09-16 14:06 texto4.txt
drwx------   2 marco  marco  4096 2005-09-12 18:18 tmp
[root@server marco]#
```

chmod +x teste.sh

Altera as permissão do arquivo teste.sh para torná-lo executável.

chown

Troca o proprietário (usuário) de arquivo ou diretório.

Veja também: chgrp e chmod

Exemplos:

Como usuário marco, vamos criar um arquivo, conforme a figura a seguir:

```
192.168.0.1 - PuTTY                                          _ |O| x|
[marco@server marco]$ touch texto5
[marco@server marco]$
```

Depois listamos e verificamos o proprietário do arquivo criado, o texto5:

```
[marco@server marco]$ ls -la
total 44
drwx------   4 marco marco 4096 2005-09-16 15:26 .
drwxr-xr-x   4 root  root  4096 2005-09-12 18:16 ..
-rw-r--r--   1 marco marco 3304 2005-09-12 18:16 .Xdefaults
-rw-------   1 marco marco  112 2005-09-16 09:56 .bash_history
-rw-r--r--   1 marco marco   24 2005-09-12 18:16 .bash_logout
-rw-r--r--   1 marco marco  230 2005-09-12 18:16 .bash_profile
-rw-r--r--   1 marco marco  124 2005-09-12 18:16 .bashrc
drwxr-xr-x   2 marco marco 4096 2005-09-12 18:16 .gnupg
-rw-r--r--   1 marco marco  593 2005-09-12 18:16 .xserverrc
-rwxrwxrwx   1 root  root    54 2005-09-16 14:06 texto4.txt
-rw-rw-r--   1 marco marco    0 2005-09-16 15:26 texto5
drwx------   2 marco marco 4096 2005-09-12 18:18 tmp
[marco@server marco]$
```

Como podemos verificar, o dono é o usuário marco.

Agora vamos mudar o proprietário atual, do marco para o novo, o root. Digite:

chown marco:root texto5

Deverá aparecer a próxima tela, ou seja, de erro, pois eu estava logado como marco:

Agora, estando logado como root, digite:

chown marco:root texto5

52 | *Comandos Linux: Prático e didático*

Depois, verifique com o comando:

```
# ls -l
```

Deverá ser mostrado algo conforme a figura:

```
192.168.0.1 - PuTTY                                          _ □ X
[root@server marco]# chown marco:root texto5
[root@server marco]# ls -la
total 44
drwx------  4 marco  marco 4096 2005-09-16 15:26
drwxr-xr-x  4 root   root  4096 2005-09-12 18:16
-rw-r--r--  1 marco  marco 3304 2005-09-12 18:16 .Xdefaults
-rw-------  1 marco  marco  112 2005-09-16 09:56 .bash_history
-rw-r--r--  1 marco  marco   24 2005-09-12 18:16 .bash_logout
-rw-r--r--  1 marco  marco  230 2005-09-12 18:16 .bash_profile
-rw-r--r--  1 marco  marco  124 2005-09-12 18:16 .bashrc
drwxr-xr-x  2 marco  marco 4096 2005-09-12 18:16 .gnupg
-rw-r--r--  1 marco  marco  593 2005-09-12 18:16 .xserverrc
-rwxrwxrwx  1 root   root    54 2005-09-16 14:06 texto4.txt
-rw-rw-r--  1 marco  root     0 2005-09-16 15:26 texto5
drwx------  2 marco  marco 4096 2005-09-12 18:18 tmp
[root@server marco]#
```

O novo proprietário do arquivo texto5 agora é o root.

chroot

Este comando altera o diretório "/", chamado de diretório raiz, para um outro diretório.

Sintaxe: chroot <local original> <novo local no sitema de arquivos>

Exemplo:

```
# chroot /mnt/disco grub-install /dev/hda
```

chsh

Altera o shell padrão do usuário. Conforme mostra a próxima figura, a opção –l lista os que estão disponíveis:

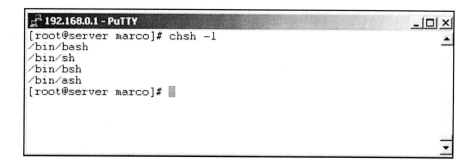

Digitando-se somente o comando, pode-se alterar o shell, conforme mostra a próxima figura:

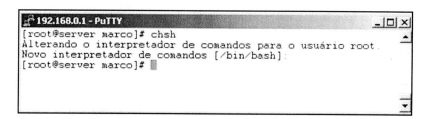

chvt

De "change virtual terminal", muda o terminal.

Sintaxe: chvt número

Exemplos:

chvt 2

   Muda para o tty2.

chvt 1

   Muda para o tty1.

clear

Limpa a tela no terminal.

```
# clear
```

clock

Mostra e altera a data e hora do relógio do hardware.

Veja também: setclock e hwclock

Exemplo:

```
# clock
```

Deverá ser mostrado:

```
192.168.0.1 - PuTTY                                              _ |□| ×|
[root@server marco]# clock
Qui 13 Out 2005 15:49:34 BRT  -0.476282 segundos
[root@server marco]#
```

cmp

Este comando faz a comparação entre dois arquivos, binário ou texto. Os dois arquivos são comparados e, caso exista diferença entre eles, serão mostrados o número da linha e byte em que ocorreu a primeira diferença, e o programa retorna o código de saída 1.

Sintaxe: cmp [arquivo1] [arquivo2] [opções]

Opções:

-l

　Mostra o número do byte (hexadecimal) e valores diferentes de bytes (octal) para cada diferença.

-s

　Não mostra nenhuma diferença, só retorna o código de saída do programa.

Exemplo:

```
# cmp teste.txt teste1.txt
```

colrm

Extrai colunas de um arquivo.

Exemplos:

Veja o conteúdo do arquivo teste55:

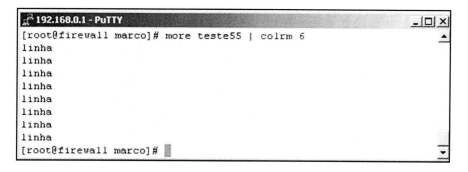

Comandos Linux: Prático e didático

Agora os comandos:

```
# more teste55 | colrm 4
```

```
192.168.0.1 - PuTTY                                    _ □ ×
[root@firewall marco]# more teste55 | colrm 4
lin
lin
lin
lin
lin
lin
lin
lin
[root@firewall marco]#
```

```
# more teste55 | colrm 6
```

```
192.168.0.1 - PuTTY                                    _ □ ×
[root@firewall marco]# more teste55 | colrm 6
linha
linha
linha
linha
linha
linha
linha
linha
[root@firewall marco]#
```

comentário

No Linux, os arquivos que contêm a linha iniciada pelo (#) são comentários e, portanto, não têm função no arquivo.

Veja um exemplo de algumas linhas, com e sem comentários, do arquivo /etc/inittab, conforme a próxima figura:

```
192.168.0.1 - PuTTY                                        _ □ ×

# Run gettys in standard runlevels
1:2345:respawn:/sbin/mingetty tty1 --noclear
2:2345:respawn:/sbin/mingetty tty2
3:2345:respawn:/sbin/mingetty tty3
4:2345:respawn:/sbin/mingetty tty4
5:2345:respawn:/sbin/mingetty tty5
6:2345:respawn:/sbin/mingetty tty6
#7:2345:respawn:/sbin/mingetty tty7
#8:2345:respawn:/sbin/mingetty tty8
#9:2345:respawn:/sbin/mingetty tty9
#10:2345:respawn:/sbin/mingetty tty10
#11:2345:respawn:/sbin/mingetty tty11
#12:2345:respawn:/sbin/mingetty tty12


# Run xdm in runlevel 5
# xdm is now a separate service
x:5:once:/etc/X11/prefdm -nodaemon
```

comm

Compara arquivos ordenados, ou melhor, compara dois arquivos para determinar quais linhas são comuns entre eles.

compress

Compactador de arquivos. O arquivo compactado por este programa recebe a extensão .Z.

Veja também: uncompress

Exemplos:

compress –r /home/marco

Neste exemplo, será compactado todo o diretório marco e com todos os arquivos que lá existem (opção –r).

58 | *Comandos Linux: Prático e didático*

```
# compress -f arquivo.conf
```
Neste exemplo, será compactado o arquivo "arquivo.conf" e com links, caso existam (opção –f).

continue

O comando continue é usado em estruturas de laço while e do while e tem a função de forçar a próxima interação do laço pulando o código que estiver abaixo.

Sintaxe: continue

cotas

Cota é o espaço em disco que, por exemplo, o administrador define para cada usuário. As definições do sistema de cotas são armazenadas no arquivo /etc/quota.conf.

Veja também: edquota, quota, quotaoff e quotaon

cp

De "copy". Copia arquivo ou diretório.

Exemplos:

```
# cp /home/marco/teste1.txt /home/augusto/teste1.txt
```
Copia o arquivo teste1.txt para o diretório /home/augusto com o mesmo nome.

```
# cp /home/marco/teste1.txt /home/marco/teste2.txt
```
Copia o arquivo para o mesmo local, mas alterando o nome.

Comandos Linux: Prático e didático | 59

```
# cp -f /home/marco/teste1.txt /home/marco/teste1.txt
```
Copia o arquivo para o mesmo local e não pergunta para sobrescrever (opção -f) . Esta opção é interessante para se fazer back-up, mas perigosa caso haja falta de atenção.

```
# cp -R /home/marco /home/teste
```
Copia todo o diretório /marco, com todo seu conteúdo (opção -R), para o novo diretório criado, o /teste.

```
# cp *.txt /home/teste
```
Copia todos os arquivos com extensão .txt do diretório local para o diretório /home/teste.

Outras opções:

-p

Preserva as permissões.

-b

Faz cópias de back-up.

-d

Copia os links e não os arquivos para quais os links apontam.

cpio

Ferramenta para fazer back-up do tipo TAR.

crontab

Agenda tarefas para serem executadas periodicamente. Com ele é possível programar que algo seja executado com uma certa periodicidade ou até mesmo num exato dia e/ou numa exata hora. O uso comum deste comando é o agendamento de tarefas administrativas

60 | *Comandos Linux: Prático e didático*

de manutenção do seu sistema. O funcionamento é simples: ele é iniciado quando da inicialização do linux e é ativado a cada minuto, ou seja, de minuto em minuto ele verifica se alguma tarefa foi agendada para ser executada naquele minuto. Resumindo, pode-se programar tarefas para serem automaticamente executadas. A configuração do crond é armazenada num arquivo e é chamada de crontab, que é um serviço.

A configuração global, controlada pelo root, pode ser feita de forma a executar qualquer tarefa de qualquer lugar e como qualquer usuário. Já na parte do usuário, cada usuário tem seu próprio arquivo crontab, sendo restringido apenas quanto ao que pode fazer.

Para configurar um cron, utiliza-se o comando crontab, juntamente com um parâmetro, ou seja, uma forma de uso. Cada linha do arquivo tem a seguinte forma:

hora completa   data completa   comando

Os comandos declarados no campo "comando", conforme mostrado anteriormente, são processados pelo Shell /bin/bash.

Opções:

-e

Usada para editar o crontab atual, usando o editor especificado nas variáveis de ambiente visual ou editor. Após a finalização da edição, o arquivo crontab modificado/criado terá efeito imediato.

-l (*letra L minúscula*)

Exibe o atual conteúdo do crontab do usuário.

-r

Remove o crontab atual.

Configurações

Para verificar os arquivos crontab dos usuários, é necessário estar como root. Os arquivos dos usuários, caso existam, são colocados no diretório:

```
/var/spool/cron/cron_do_usuário
```

Por exemplo, um cron criado pelo root teria o seguinte nome e estaria em:

```
/var/spool/cron/root
```

O arquivo crontab global (do root) fica no diretório /etc/.

Um exemplo da linha de configuração:

```
0 4    *    *    *    clear
```

Esta linha iria executar o comando clear todo dia, todo mês, qualquer dia da semana, às 4 horas e 0 minuto.

Explicando:

A linha de configuração do crond é dividida em 6 campos separados por um ou mais espaços ou até mesmo pressionando-se a tecla <TAB>:

campo	do exemplo acima	função
1º	0	minuto
2º	4	hora
3º	*	dia
4º	*	mês
5º	*	dia da semana
6º	clear	programa para execução

Comandos Linux: Prático e didático

A seguir são mostradas as opções para cada campo:

Campo	opções
Minuto	0-59
Hora	0-23
Dia	1-31
Mês	1-12 ou as 3 primeiras letras da palavra
Dia da semana	0-6

Observação:

No campo "dia da semana", segue o padrão: 0-domingo, 1-segunda, 2-terça, 3-quarta, 4-quinta, 5-sexta e 6-sábado. Para fins de organização, pode-se utilizar o 7 como sendo o domingo também.

Algumas flexibilidades, em pequenos exemplos:

42 * * * *

Agendamento de uma tarefa para ser executada toda hora, todo dia e sempre nos minutos 42.

* 1-4 * * *

Agendamento de uma tarefa para ser executada 1:00, 2:00, 3:00 e 4:00 horas da manhã, todo dia.

Comandos Linux: Prático e didático | 63

```
* 1-2 * * 3-5
```

Agendamento de uma tarefa para ser executada 1:00 e 2:00 horas da manhã, às quartas, quintas e sextas-feiras.

```
0 23 * * 0
```

Agendamento de uma tarefa para ser executada todo domingo, às 23:00 horas.

```
10 22 1,30 jan *
```

Agendamento de uma tarefa para ser executada todo dia 1 e 30 do mês de janeiro, às 22:10.

```
0 2 * * *
```

Agendamento de uma tarefa para ser executada todo dia às 2:00 horas da manhã.

```
30 14 * * 0
```

Agendamento de uma tarefa para ser executada todo domingo, às 14:30.

```
0 12 30 * *
```

Agendamento de uma tarefa para ser executada todo dia 30 ao meio-dia.

```
10 14 * 6 mon
```

Agendamento de uma tarefa para ser executada às 14:10, a cada segunda-feira do mês de junho, todos os anos.

Exemplos:

42 * * * * root cp /etc/at.deny /etc/marco

No exemplo acima, o comando cp irá copiar o arquivo at.deny para o arquivo marco, toda hora, todo dia e sempre nos minutos 42, como usuário root.

* 1-4 * * * root cp /etc/at.deny /etc/marco

No exemplo anterior, o comando cp irá copiar o arquivo at.deny para o arquivo marco, 1:00, 2:00, 3:00 e 4:00 horas da manhã, todo dia, como usuário root.

* 1-2 * * 3-5 root cp /etc/at.deny /etc/marco

No exemplo anterior, o comando cp irá copiar o arquivo at.deny para o arquivo marco, 1:00 e 2:00 horas da manhã, às quartas, quintas e sextas-feiras, como usuário root.

0 23 * * 0 root cp /home/marco/teste1 /home/marco/teste3

No exemplo anterior, o arquivo teste1 será copiado para o arquivo teste3, do diretório /home/marco/, todo domingo, às 23:00, como usuário root.

10 22 1,30 jan * root cp /home/marco/teste1 /home/marco/teste3

No exemplo anterior, o arquivo teste1 será copiado para o arquivo teste3, do diretório /home/marco/, todo dia 1 e 30 do mês de janeiro, às 22:10, como usuário root.

Observação:

No arquivo do crontab, o sexto campo pode ser substituído pelo nome do usuário, adicionando automaticamente um sétimo campo com o programa para a execução, como mostrado nos exemplos anteriores.

0-59/1 * * * * root cp /home/marco/teste1 /home/marco/teste3

No exemplo anterior, o arquivo teste1 será copiado para o arquivo teste3, do diretório /home/marco/, durante 1 em 1 minuto dos minutos 0-59, ou seja, será executado sempre de minuto a minuto.

Exemplo do arquivo /etc/crontab contendo esta última configuração:

```
# /etc/crontab: system-wide crontab

SHELL=/bin/bash
PATH=/sbin:/bin:/usr/sbin:/usr/bin
MAILTO=root
HOME=/

0-59/1 * * * * root cp /home/marco/teste1 /home/marco/
teste3
# run-parts
01 * * * * root run-parts /etc/cron.hourly
02 4 * * * root run-parts /etc/cron.daily
22 4 * * 0 root run-parts /etc/cron.weekly
42 4 1 * * root run-parts /etc/cron.monthly
```

Em algumas distribuições, inclusive na Conectiva Linux 10, os agendamentos mais comuns estão programados para serem executados, conforme o arquivo a seguir:

```
# /etc/crontab: system-wide crontab

SHELL=/bin/bash
PATH=/sbin:/bin:/usr/sbin:/usr/bin
MAILTO=root
HOME=/

# run-parts
1 * * * * root run-parts /etc/cron.hourly
2 4 * * * root run-parts /etc/cron.daily
22 4 * * 0 root run-parts /etc/cron.weekly
42 4 1 * * root run-parts /etc/cron.monthly
```

As linhas abaixo de "# run-parts" rodam todos os scripts executáveis dentro de um certo diretório. Então, com essas linhas, temos diretórios programados para executar programas de hora em hora, diariamente, semanalmente ou mensalmente, conforme a tabela a seguir:

diretório	tempo
/etc/cron.hourly/	de hora em hora
/etc/cron.daily/	diariamente
/etc/cron.weekly/	semanalmente
/etc/cron.monthly/	mensalmente

Criando um cron

Aqui, vamos criar um cron, como usuário root, que após criado pode ser alterado ou modificado, conforme sua necessidade.

Como escrito acima, os cron, após criados, ficam em /var/spool/

Para criar um cron:

crontab –e
Irá abrir um novo arquivo pelo editor vi.

Tecle <INSERT> para entrar em modo de inserção.

Digite a linha de comando, como, por exemplo:

30 22 * * * cp /var/log/messages /home/copia_messages
Para sair e salvar, pressione a tecla <ESC> e depois digite: wq

Pronto, agora será criado o arquivo root em /var/spool/cron

Para testar, digite:

crontab –l
Deverá aparecer o conteúdo do arquivo root.

Caso não apareça, reinicie o serviço, digitando:

```
# cds
# ./crond stop
# ./crond start
```

cryptdir

Criptografa arquivos, que terão a extensão .crypt. Como eu não poderia deixar de informar, será solicitada uma senha!

Veja também: decryptdir

68 | *Comandos Linux: Prático e didático*

cu

Chama outro sistema UNIX.

curinga

Assim como em outros sistemas, no Linux também temos os curingas. Eles são recursos usados para especificar um conjunto de arquivos e/ou diretórios de uma única vez.

Alguns tipos:

*

Substitui um conjunto de caracteres.

?

Substitui um único caracter.

[ ]

Substitui um conjunto de caracteres que estejam especificados dentro dos colchetes.

Exemplos:

ls prova*
Lista todos os arquivos que iniciam com prova, como, por exemplo, prova1, prova2 etc.

Comandos Linux: Prático e didático | 69

ls prova?.txt

Lista todos os arquivos cujos cinco primeiros caracteres sejam "prova" (o sexto não importa) e cuja extensão seja .txt, como, por exmeplo, prova1.txt, prova2.txt etc.

cut

Mostra seções (partes) de cada linha do arquivo, dependendo das opções passadas ao programa.

Sintaxe: cut opção arquivo

Opções:

-b

Mostra somente a lista de bytes do arquivo.

-c

Mostra somente o número de caracteres no arquivo.

-f

Mostra somente a lista de campos.

-d

Para uso com a opção -f, os campos são separados pelo primeiro caracter em delimitador em vez de tabulações.

-s

Para uso com a opção -f, mostra somente linhas que contêm o caracter separador de campos.

70 | *Comandos Linux: Prático e didático*

Exemplos:

Antes, veja o conteúdo do arquivo teste55:

```
192.168.0.1 - PuTTY                                          _ □ ×
[root@firewall marco]# more teste55
linha 01 coluna
linha 02 coluna
linha 03 coluna
linha 04 coluna
linha 05 coluna
linha 06 coluna
linha 07 coluna
linha 08 coluna
[root@firewall marco]#
```

E agora os comandos.

cat teste55 | cut –f1 –d" "

```
192.168.0.1 - PuTTY                                          _ □ ×
[root@firewall marco]# cat teste55 | cut -f1 -d" "
linha
linha
linha
linha
linha
linha
linha
linha
[root@firewall marco]#
```

No exemplo anterior, a opção –f1 indicou que é a primeira coluna, juntamente com a opção –d, onde indiquei qual o separador, que neste caso é um espeço em branco, então a opção completa é –d" ".

cat teste55 | cut –f2 –d" "

```
192.168.0.1 - PuTTY                                    _ □ ×
[root@firewall marco]# cat teste55 | cut -f2 -d" "
01
02
03
04
05
06
07
08
[root@firewall marco]#
```

CVS

Aplicativo para gerenciamento de código-fonte.

CAPÍTULO

date

Mostra e/ou altera data e hora do sistema.

date

Serão mostradas a data e a hora do sistema, conforme a próxima figura:

```
[root@firewall marco]# date
Sex Dez 23 18:55:51 BRST 2005
[root@firewall marco]#
```

date –s 1622

Altera somente a hora; neste exemplo para 16:22.

date —help

Mostra o help do comando date. Vale a pena conferi-lo, pois ele tem muita informação.

74 | *Comandos Linux: Prático e didático*

Algumas opções:

+[FORMATO]

- %d - dia do mês (1-31)
- %m - mês do ano (1-12)
- %y - ano (dois dígitos: 05)
- %Y - ano (quatro dígitos: 2005)
- %H - hora (1-24)
- %I - hora (1-12)
- %M - minuto (00-59)
- %j - dia do ano (1-366)
- %p - AM/PM
- %r - formato de 12 horas completo (hh:mm:ss AM/PM).
- %T - formato de 24 horas completo (hh:mm:ss)
- %w - dia da semana (0-6)

Mais exemplos:

```
# DATA=`date +%m%d%y`
```

Depois digite:

```
# echo $DATA
```

que irá retornar:

031006

O comando date, como especificado acima, irá retornar o valor 031006, onde 03 indica o mês de março, 10 o dia do mês e 06 o ano.

É importante notar as aspas invertidas ("). Ao delimitar um comando por aspas invertidas, você está indicando que está interessado no resultado do comando, que, por sua vez, será atribuído à variável.

```
# variavel="hoje é `date`"

# echo $variavel
```

Deverá aparecer algo parecido com a próxima figura:

```
192.168.0.1 - PuTTY                                          _ |□| x
[root@firewall marco]# variavel="hoje é `date`"
[root@firewall marco]# echo $variavel
hoje é Sex Dez 23 18:59:08 BRST 2005
[root@firewall marco]#
```

dc

De "desk calculater". É uma calculadora.

Exemplo:

Digite conforme a próxima figura:

```
192.168.0.1 - PuTTY                                          _ |□| x
[root@server marco]# dc
10
20
30
+
p
50
q
[root@server marco]#
```

Para somar os números 10, 20 e 30, primeiro foram digitados os valores e só depois o sinal de adição. A letra "p" foi digitada para que o resultado da soma fosse mostrado na tela. A tecla "q" serve para sair do programa.

76 | *Comandos Linux: Prático e didático*

dd

Copia e converte um arquivo.

```
# dd —help
```
Mostra o help deste comando.

decryptdir

Descriptografa arquivo(s) que foi(ram) criptografado(s) pelo comando cryptdir.

Veja também: cryptdir

depmod

Gera um arquivo contendo as dependências de módulo, que depois pode ser usado pelo modprobe para a instalação de módulos.

Sintaxe: depmod modulo1 modulo2 modulo3 ...

Exemplo:

```
# depmod -a
```

Monta a tabela de dependências de módulos.

df

De "disk free". Mostra as partições, inclusive o uso atual e espaço livre, ou seja, a capacidade do HD.

Exemplos:

```
# df
```

Será mostrado algo conforme a próxima figura:

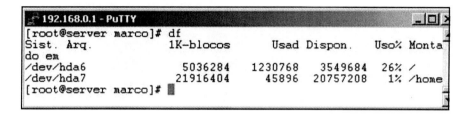

E, ainda assim, com a opção –h:

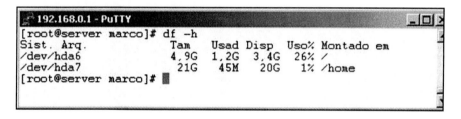

E também com a opção –all:

```
[root@server marco]# df -all
Sist. Arq.          1K-blocos      Usad  Dispon.    Uso% Monta
do em
/dev/hda6             5036284   1230768   3549684    26% /
none                        0         0         0     -  /proc
none                        0         0         0     -  /sys
/dev/hda7            21916404     45896  20757208     1% /home
none                        0         0         0     -  /mnt/
cdrom
none                        0         0         0     -  /mnt/
floppy
none                        0         0         0     -  /dev/
pts
usbfs                       0         0         0     -  /proc
/bus/usb
[root@server marco]#
```

dialog

Um programa, que até podemos chamá-lo de comando, que serve para desenhar interfaces, ou melhor, caixas de diálogos, com botões e menus. O dialog é usado no desenvolvimento de scripts.

Um exemplo de uma caixa de diálogo é apresentado na próxima figura:

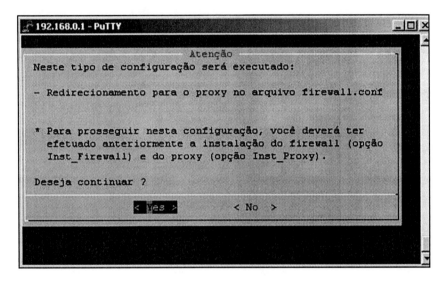

Exemplos:

Mostra um texto qualquer, que neste caso é o conteúdo do arquivo texto1:

```
dialog \
—title 'Bem-vindo' \
—exit-label 'Ok' \
—textbox texto1 \
18 66
```

Igual ao anterior, mas irá mostrar o conteúdo do arquivo texto2:

```
dialog \
     —title 'Ajuda' \
     —exit-label 'Ok' \
     —textbox texto2 \
     18 66
```

Um menu completo, conforme a próxima figura:

OPCAO='dialog —title 'MENU – Selecione uma opção' —helpbutton —help-label 'Ajuda' —nocancel —stdout —menu 'Utilize as setas e tecle <ENTER> na opção escolhida' 15 75 8 Básica '>> Inicia uma configuração básica do sistema' Inst_Firewall '>> Instala uma configuração de regras para o Iptables' Conf_Firewall '>> Configura o serviço de regras do Iptables ' Inst_Proxy '>> Instala os pacotes do proxy Squid' Conf_Proxy '>> Configura o serviço de Proxy' Inst_Samba '>> Instala os pacotes do Samba' Conf_Samba '>> Configura o serviço do Samba' Sair '>> Sai deste configurador''

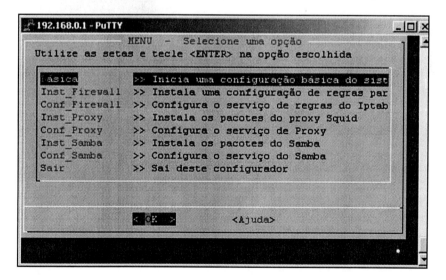

80 | *Comandos Linux: Prático e didático*

Neste último exemplo, usamos a variável chamada OPCAO, que poderia ser usada depois numa estrutura com o comando case.

Mostra um texto e tem a opção de continuar ou não, conforme mostra a próxima figura:

```
dialog \
      —title 'Atenção' \
      —yesno 'Neste tipo de configuração será execu-
tado:
```

Instalação dos seguintes Pacotes:

- MC
- KUDZU
- OpenSSH
- Iptables
- APM (micro com fonte ATX)

Configuração de:

- Rede
- Compartilhamento da Internet
- Criação do usuário desliga com a senha desliga
- Criação do diretório Sistema, onde ficarão todas as configurações

Deseja continuar ?' \

20 72

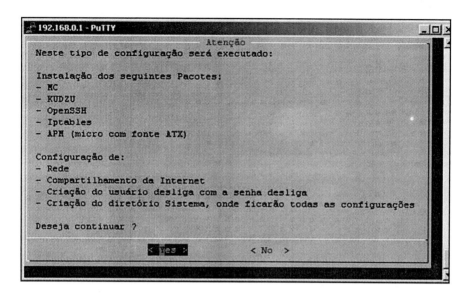

Mostra uma mensagem e uma opção de apenas clicar em OK e continuar, conforme mostra a próxima figura:

dialog —title 'Atenção' —msgbox "O pacote MC já está instalado !" 5 36

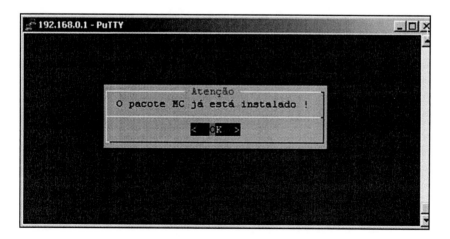

82 | *Comandos Linux: Prático e didático*

A seguir, temos 4 exemplos usando variáveis, e quando é perguntado, por exemplo, "Qual o device da primeira placa?", no campo da resposta já é colocado "eth0", sendo que o usuário pode simplesmente teclar <ENTER> e continuar ou alterar a resposta para uma outra.

```
var01=$( dialog —stdout —inputbox 'Qual o device da
primeira placa ?' 8 40 'eth0' )

var02=$( dialog —stdout —inputbox 'Qual o driver da
primeira placa ?' 8 40 'ne' )

var03=$( dialog —stdout —inputbox 'Qual o device da
segunda placa ?' 8 40 'eth1' )

var04=$( dialog —stdout —inputbox 'Qual o driver da
segunda placa ?' 8 40 'ne' )
```

Esta forma é interessante, pois a resposta do usuário fica armazenada na variável, podendo ser usada posteriormente.

```
dialog \
—title 'Atenção' \
—defaultno \
—yesno "Caso não tenha identificado todas as placas de
rede, deseja sair para, por exemplo, trocá-las?" \
6 52
```

Neste exemplo, foi incluída a opção "—default no", que deixa o cursor já em cima da opção "não".

diff

Compara dois arquivos em formato texto e mostra as diferenças entre eles. As diferenças encontradas podem ser redirecionadas para um arquivo que poderá ser usado pelo comando "patch" para aplicar as alterações em um arquivo que não contém as diferenças.

Veja também: patch

Exemplo:

Criei dois arquivos:

O teste1 com o conteúdo:

linha 1

linha 2

linha 4

linha 5

E o teste2 com o conteúdo:

linha 2

linha 3

linha 5

Agora executo o comando:

```
# diff teste1 teste2
```

Veja o resultado na próxima figura:

```
mc - /home                                    _ □ ×
[root@server home]# diff teste1 teste2
1c1
< linha 1
---
>
2a3
> linha 3
4d4
< linha 4
[root@server home]#
```

diff3

Exibe a diferença entre três arquivos ou diretórios.

dig

Faz uma consulta ao servidor de nomes (DNS) por um nome Internet (ou endereço IP). Muito usado para ver, simplesmente, se o DNS está funcionando.

Sintaxe: dig IP

dir

Lista arquivos e diretórios correntes, caso não seja especificado outro.

Veja também: ls e vdir

Exemplos:

```
# dir
```

Veja o resultado conforme a próxima figura:

```
192.168.0.1 - PuTTY                                              _|□|×
[root@firewall marco]# dir
automatic        f_regras.sh           firewall.sh
f_amarildo.sh    f_teste.sh            nmap-3.95-1.i386.rpm
f_dropa.sh       f_teste.sh.antigo     tmp
f_limpa.sh       firewall.conf
[root@firewall marco]# 
```

dir -a

Lista tudo. Veja o resultado conforme a próxima figura:

```
192.168.0.1 - PuTTY                                              _□x
[root@firewall marco]# dir -a
.                     .mc             f_teste.sh
..                    .xserverrc      f_teste.sh.antigo
.Xdefaults            automatic       firewall.conf
.bash_history         f_amarildo.sh   firewall.sh
.bash_logout          f_dropa.sh      nmap-3.95-1.i386.rpm
.bash_profile         f_limpa.sh      tmp
.bashrc               f_regras.sh
[root@firewall marco]#
```

diretórios

Veja sobre os diretórios do Linux em "arquivos e diretórios", no Capítulo A.

dirname

Devolve o nome do diretório.

Exemplos:

```
# dirname /etc/passwd
```

Será mostrado conforme a próxima figura:

```
192.168.0.1 - PuTTY                                              _□x
[root@server marco]# dirname /etc/passwd
/etc
[root@server marco]#
```

```
# dirname /etc/lilo.conf
```

86 | *Comandos Linux: Prático e didático*

Será mostrado:

```
/etc
```

Como você viu, este comando tem uma função relativamente simples, ou seja, sua utilização é muito precária, mas útil em scripts.

display

Variável de ambiente que define onde a saída de uma aplicação gráfica deve aparecer.

dmesg

Mostra as mensagens de inicialização do kernel. São mostradas as mensagens da última inicialização do sistema.

Exemplos:

```
# dmesg
```
Lista.

```
# dmesg | less
```
Lista com pausa.

dnsdomainname

Mostra o nome do domínio de seu sistema.

Exemplo:

```
# dnsdomainname
```

Veja o resultado conforme a próxima figura:

```
 192.168.0.1 - PuTTY
[root@server marco]# dnsdomainname
rede
[root@server marco]# 
```

dnsquery

Consulta servidor de DNS. Este comando faz parte do pacote do Bind, mais especificadamente do bind-utils.

done

Usado como finalização do laço, em for e while do.

Veja também: scripts e for

Exemplo:

```
while true
do
    senha1_login=$( dialog —nocancel —title
    'Atenção' —stdout —passwordbox 'Qual a senha de
    acesso ?' 8 40 )
    senha2_login=$( dialog —nocancel —title
    'Atenção' —stdout —passwordbox 'Confirme a
    senha de acesso.' 8 40 )
    if [ $senha1_login = $senha2_login ] ; then
        # variaveis das senhas sao iguais

        if [ ! "$senha1_login" = "" ] ; then
            # a variavel não está vazia
            if [ ! "$senha2_login" = "" ] ; then
              # as 2 variaveis não estao vazias, entao
              sai do loop
                break
            fi
        fi
    else
        dialog —title 'Atenção' —msgbox 'Senhas não
          conferem, digite novamente !' 5 44
    fi
done
```

domainname

Mostra ou altera o nome de domínio NIS.

dos2unix

Um aplicativo, muito útil, que transforma arquivo do tipo DOS em UNIX.

Sintaxe: dos2unix arquivo

Exemplo:

```
# dos2unix /etc/squid/bloqueado.txt
```

Transforma o arquivo bloqueado.txt no padrão UNIX.

Dica:

Isso acontece, as vezes, quando abrimos um arquivo UNIX no DOS ou no Windows.

du

De "disk usage". Mostra a utilização de espaço em disco para arquivos e diretórios.

Algumas opções:

-s

Summary

-k

Kilobyte

-h

Human readable

Exemplos:

du -ha

Esta é a forma mais comum de uso. Conforme mostra a próxima figura. Perceba que foi a partir do diretório corrente, que neste caso era o /home.

```
192.168.0.1 - PuTTY
[root@firewall home]# du -ha
16K       ./lost+found
4,0K      ./sistema/bloqueado.txt
4,0K      ./sistema/liberado.txt
4,0K      ./sistema/verlogs1.sh
16K       ./sistema
4,0K      ./desliga/.bash_logout
4,0K      ./desliga/.Xdefaults
4,0K      ./desliga/.bash_profile
4,0K      ./desliga/.bashrc
4,0K      ./desliga/.xserverrc
16K       ./desliga/shutdown
4,0K      ./desliga/tmp
44K       ./desliga
4,0K      ./marco/.bash_logout
4,0K      ./marco/.Xdefaults
4,0K      ./marco/.bash_profile
4,0K      ./marco/.bashrc
4,0K      ./marco/.xserverrc
36K       ./marco/automatic
8,0K      ./marco/f_amarildo.sh
4,0K      ./marco/f_dropa.sh
4,0K      ./marco/f_limpa.sh
8,0K      ./marco/f_regras.sh
4,0K      ./marco/firewall.conf
8,0K      ./marco/firewall.sh
```

du / -bh

Esta forma lista tudo, inclusive o floppy e o cd-rom, iniciando pelo diretório raiz.

dvips

Converte arquivo com extensão .dvi em .ps, de PostScript.

CAPÍTULO

e2fsck

Verifica o estado de um outro sistema de arquivos Linux.

echo

É muito difícil escrever sobre a funcionalidade deste comando, pois existem várias! Vou tentar descrever algumas e depois apresentar vários exemplos. Echo é uma poderosa ferramenta que, dentre outras coisas:

- Apresenta uma linha de texto em branco.
- É muito usada em scripts.
- Mostra mensagens.
- Mostra o conteúdo dos diretórios.
- Mostra o retorno de comandos.

Veja alguns exemplos com o echo, no Capítulo S, em scripts.

Exemplos:

```
# echo "bom dia"
```

Veja o resultado conforme a próxima figura:

92 | Comandos Linux: Prático e didático

```
 192.168.0.1 - PuTTY                                    _ □ x
[root@server marco]# echo "bom dia"
bom dia
[root@server marco]#
```

A opção -n pode ser usada para que não ocorra o salto de linha após a mensagem ser mostrada. Veja o resultado do comando anterior agora com a opção –n, conforme a próxima figura:

```
 192.168.0.1 - PuTTY                                    _ □ x
[root@server marco]# echo –n "bom dia"
bom dia[root@server marco]#
```

Outro exemplo. Veja o conteúdo do arquivo teste:

```
 mc - /home/marco                                      _ □ x
[root@server marco]# more teste
linha1
linha2
linha3
[root@server marco]#
```

Agora vou inserir uma linha no final do arquivo, digitando:

```
# echo "linha xxxx" >> teste
```

Agora vou listar novamente o arquivo teste. Veja o seu conteúdo:

```
 mc - /home/marco                                      _ □ x
[root@server marco]# more teste
linha1
linha2
linha3
linha xxxx
[root@server marco]#
```

Comandos Linux: Prático e didático | 93

A opção >> insere uma linha no final do arquivo.

Já a opção > apaga todo o conteúdo do arquivo e insere o conteúdo especificado.

Vou utilizar o mesmo arquivo, o teste, mas agora vou inserir uma linha, e o comando echo, antes disso, irá apagar todo o conteúdo, o comando:

```
# echo "linha de teste" > teste
```

Agora veja o conteúdo do arquivo, conforme a próxima figura:

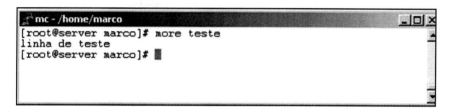

```
# echo 1 > /proc/sys/net/ipv4/ip_forward
```
Altera o valor deste arquivo, que, neste caso, serve para fazer redirecionamento.

Mostrando o conteúdo de uma variável:

Conforme mostra a próxima figura, primeiro crio a variável VAR1 com um conteúdo e depois mostro o conteúdo dela:

```
mc - /home/marco
[root@server marco]# VAR1="Olá, está gostando do livro ?"
[root@server marco]# echo $VAR1
Olá, está gostando do livro ?
[root@server marco]#
```

94 | *Comandos Linux: Prático e didático*

Se uma variável for usada, deve-se colocar o $ antes da mesma, exceto na sua criação.

Conforme a próxima figura, o echo mostra o conteúdo da variável de ambiente "PATH":

```
mc - /home/marco                                          _ □ x
[root@server marco]# echo $PATH
/usr/lib/kde3/bin:/usr/bin:/bin:/usr/sbin:/sbin:/usr/bin/X11:/u
sr/games:/usr/local/bin:/usr/lib/java2/bin:/usr/lib/java2/jre/b
in:/usr/lib/qt3/bin:/home/marco/bin
[root@server marco]#
```

```
# echo -n > teste
```

Neste exemplo, o echo apaga todo o conteúdo do arquivo teste.

```
# variavel="hoje é `date`"
# echo $variavel
```

Deverá aparecer a data atual. Veja a próxima figura:

```
192.168.0.1 - PuTTY                                       _ □ x
[root@firewall log]# variavel="hoje é `date`"
[root@firewall log]# echo $variavel
hoje é Qui Dez 8 20:07:37 BRST 2005
[root@firewall log]#
```

```
# echo "Qual seu nome ? " ; read variavel
```

Deverá aparecer:

Qual seu nome ?

E depois:

O nome digitado...

Para verificar o shell atual, digite:

echo $SHELL

Deverá ser mostrado algo conforme a próxima figura, que no meu caso é o Bash:

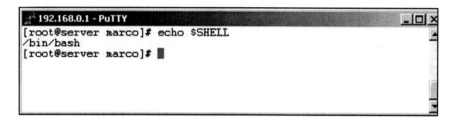

Calculando (com o comando bc) e mostrando. Digite:

echo "(10-6)2" | bc

Será retornado algo conforme a próxima figura:

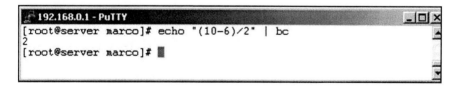

Para mostrar o PID do shell que está rodando, digite:

echo $$

96 | *Comandos Linux: Prático e didático*

```
192.168.0.1 - PuTTY                              _ |□| x
[root@firewall home]# echo $$
2416
[root@firewall home]#
```

ed

Um editor de textos.

edquota

Editor do sistema de cotas.

egrep

Procura num arquivo linhas que combinam com o que você especificou.

Veja também: grep e fgrep

Exemplos:

Primeiro veja o conteúdo do arquivo teste:

```
mc - /home/marco                                 _ |□| x
[root@server marco]# more teste
linha1
linha2
linha3
linha4
[root@server marco]#
```

Agora os comandos:

```
# egrep linha1 teste
```

Comandos Linux: Prático e didático | 97

Será retornado:

linha1

```
# egrep linha teste
```

Será retornado:

linha1

linha2

linha3

linha4

```
# egrep -n linha2 teste
```

Será retornado:

2: linha2

Neste exemplo, além de mostrar o conteúdo da linha que ele achou (linha2), também mostrou o número da linha (2).

```
# egrep -v linha2 teste
```

98 | *Comandos Linux: Prático e didático*

Será retornado:

linha1

linha3

linha4

Neste exemplo, com a opção –v, foi mostrado tudo, exceto o não correspondente, que era a linha que tinha o conteúdo de "linha2".

Eject

Comando para uso com o CD-ROM,;para ser mais exato, com a bandeja.

Exemplos:

eject

Ejeta a bandeja.

eject -t

Fecha (recolhe) a bandeja.

else

Usado com o comando if.

Veja também: scripts e if

Exemplo:

```
if [ ! -e /$LOCAL2/makeasy.conf ] ; then
    dialog —title 'Atenção' —msgbox "Ocorreu um erro.
Arquivo makeasy.conf não encontrado." 5 58
    echo $GERA_LOG ocorreu um erro: arquivo /makeasy/
conf/makeasy.conf nao existe >> /var/log/makeasy
  else
    echo $GERA_LOG não iniciou a configuracao da rede
>> /var/log/makeasy
    sed -i "/INSTALL_REDE=/ s/^.*$/INSTALL_REDE=NAO/
" /$LOCAL2/makeasy.conf
      echo $GERA_LOG arquivo makeasy.conf alterado:
INSTALL_REDE=NAO >> /var/log/makeasy
  fi
```

emacs

Um editor de textos.

env

Mostra uma lista do conteúdo do ambiente shell do usuário, ou seja, será listada uma coluna, sendo a do lado esquerdo o nome da variável e a do lado direito o seu valor.

Veja também: printenv

Veja na próxima figura um exemplo desta listagem:

100 | *Comandos Linux: Prático e didático*

```
mc - /home/marco                                              _ □ x
[root@server marco]# env
CPLUS_INCLUDE_PATH=/usr/lib/kde3/include
LESSKEY=/etc/lesskey
MANPATH=/usr/lib/kde3/man:/usr/local/man:/usr/share/man:/usr/lo
cal/share/man:
HOSTNAME=server.rede
SHELL=/bin/bash
TERM=xterm
HISTSIZE=1000
SSH_CLIENT=192.168.0.101 1030 22
QTDIR=/usr/lib/qt3
SSH_TTY=/dev/pts/4
USER=marco
HISTFILESIZE=1000
PERL_BADLANGUAGE=0
LS_COLORS=no=00:fi=00:di=01;34:ln=01;36:pi=40;33:so=01;35:bd=40
;33;01:cd=40;33;01:or=01;05;37;41:mi=01;05;37;41:ex=01;32:*.cmd
=01;32:*.exe=01;32:*.com=01;32:*.btm=01;32:*.bat=01;32:*.tar=01
;31:*.tgz=01;31:*.arj=01;31:*.taz=01;31:*.lzh=01;31:*.zip=01;31
:*.z=01;31:*.Z=01;31:*.gz=01;31:*.bz2=01;31:*.rpm=01;31:*.deb=0
1;31:*.a=01;31:*.shar=01;31:*.cpio=01;31:*.jpg=01;35:*.gif=01;3
5:*.bmp=01;35:*.xbm=01;35:*.xpm=01;35:*.png=01;35:*.tif=01;35:*
.jpg=01;35:*.mpg=01;45:*.avi=01;45:*.au=01;44:*.wav=01;44:*.mp3
=01;44:*.mod=01;44:*.mid=01;44:*.txt=01;37:*.doc=01;37:*.sgml=0
1;37:*.html=01;37:
KDEDIR=/usr/lib/kde3
USERNAME=
PATH=/usr/lib/kde3/bin:/usr/bin:/bin:/usr/sbin:/sbin:/usr/bin/X
11:/usr/games:/usr/local/bin:/usr/lib/java2/bin:/usr/lib/java2/
jre/bin:/usr/lib/qt3/bin:/home/marco/bin
```

erase

Apaga o conteúdo de uma fita.

Veja também: mt e rewind.

esac

Usado juntamente com o comando case.

Veja também: case e scripts

ethereal

Ethereal não é um comando, mas sim um aplicativo que faz uma análise (analisa os pacotes) da rede. Um aplicativo essencial para um administrador de rede.

ex

Um editor de textos.

exit

Termina o shell (sai da sessão atual). Caso execute um segundo shell, voltará para o primeiro shell, encerrando o segundo. Por exemplo, suponha que você tenha se logado como usuário marco e depois executado o comando su para logar como root. Depois, estando como root e executando o exit, você voltará a estar como usuário marco.

Veja também: logout

Sintaxe:

\# exit

Este comando é muito usado para finalizar ou sair de um script.

export

Permite configurar e compartilhar variáveis de ambiente entre diversos programas e bibliotecas acessados a partir do mesmo terminal.

expr

Usado em fórmulas matemáticas para avaliar argumentos. Muito usado em scripts.

Exemplos:

```
192.168.0.1 - PuTTY                              _|□|x
[root@firewall home]# expr 2 + 2
4
[root@firewall home]# expr 2 - 1
1
[root@firewall home]# expr 12 / 2
6
```

extensões

Algumas das muitas extensões do Linux e algumas de outros sistemas também:

.a

Arquivo.

.au

Arquivo de áudio, semelhante ao .wav.

.bzip2, .bz2

Arquivo compactado com o bzip2.

.c

Arquivo fonte na linguagem de programação C.

.conf

Arquivo de configuração.

.cpp

Arquivo fonte na linguagem de programação C++

.gz, .gzip

Arquivo compactado pelo gzip.

Comandos Linux: Prático e didático | 103

.h

Arquivo de cabeçalho da linguagem C ou C++.

.htm

Arquivo HTML ou HTM, de páginas de Internet.

.html

Arquivo HTML ou HTM, de páginas de Internet.

.o

Arquivo objeto de programa (módulos)

.crypt

Arquivo compactado (criptografado) pelo cryptdir.

.pl

Arquivo de script do Perl.

.png

Arquivo de imagem, semelhante ao .jpg e .gif.

.ps

Arquivo formatado para impressão PostScript.

104 | *Comandos Linux: Prático e didático*

.rpm

Arquivo do RPM Package Manager, ou seja, pacotes de instalação de programas.

.so

Arquivo de biblioteca de programa.

.tar

Arquivo de arquivos.

.tar.bzip2, .tar.bz2

Arquivo compactado pelo bzip2.

.tar.gz, .tar.Z

Arquivo compactado pelo gzip.

.tga

Arquivo de imagem.

.tgz

Arquivo compactado com o gzip.

.xpm

Arquivo de imagem.

.z, .Z

Arquivo gzip antigo.

CAPÍTULO

f77

Um compilador FORTRAN.

false

Retorna um status de saída de falha. Usado em scripts.

fc

Usado para editar o arquivo de histórico.

fdformat

Formata um disquete.

Exemplos:

fdformat –h

    Help do comando.

fdformat /dev/fd0

    Formata um disquete usando a densidade padrão, que normalmente é de 1440 k.

106 | *Comandos Linux: Prático e didático*

fdformat /dev/fd0H1440

Formata um disquete, forçando a alta densidade, que é de 1440 k.

fdisk

De "fixed disk", ou seja, disco fixo. Ferramenta para uso de partição(ões), ou seja, manipulação de partições.

Exemplo:

fdisk –l

Lista a(s) partição(ões) corrente(s). Inclui Swap, FAT32 etc., exemplo de partições, conforme a próxima figura:

```
192.168.0.1 - PuTTY                                    _ □ x
[root@server marco]# fdisk -l

Disk /dev/hda: 41.1 GB, 41110142976 bytes
255 heads, 63 sectors/track, 4998 cylinders
Units = cilindros of 16065 * 512 = 8225280 bytes

Dispositivo Boot        Start         End      Blocks   Id  Syste
m
/dev/hda1       *           1         892    7164958+    7  HPFS ou
 NTFS
/dev/hda2                 893        4998   32981445     f  W95 Ext
'd (LBA)
/dev/hda5                 893         925     265041    82  Linux s
wap
/dev/hda6                 926        1562    5116671    83  Linux
/dev/hda7                1563        4334   22266058+   83  Linux
/dev/hda8                4335        4365     248976    82  Linux s
wap
/dev/hda9                4366        4730    2931831    83  Linux
/dev/hda10               4731        4998    2152678+   83  Linux
[root@server marco]# █
```

fg

Permite fazer com que um programa que esteja rodando em segundo plano ou parado (suspenso) rode em primeiro plano. É interessante usar o comando jobs para saber o número do processo que está rodando em segundo plano.

Sintaxe: fg *número do processo*

Caso seja usado sem parâmetros, o fg utilizará o último programa interrompido (o maior número obtido com o comando jobs).

Exemplo:

```
# fg 1
```

fgconsole

Mostra o número de terminais válidos.

fgrep

Procura num arquivo linhas que combinam com o que você especificou.

Veja também: grep e egrep

Exemplos:

Primeiro veja o conteúdo do arquivo teste:

```
mc - /home/marco
[root@server marco]# more teste
linha1
linha2
linha3
linha4
[root@server marco]#
```

108 | *Comandos Linux: Prático e didático*

Agora os comandos:

```
# fgrep linha1 teste
```

Será retornado:

linha1

```
# fgrep linha teste
```

Será retornado:

linha1

linha2

linha3

linha4

```
# fgrep -n linha2 teste
```

Será retornado:

2: linha2

Neste exemplo, além de mostrar o conteúdo da linha que ele achou (linha2), também mostrou o número da linha (2).

```
# fgrep -v linha2 teste
```

Será retornado:

linha1

linha3

linha4

Neste exemplo, com a opção –v, foi mostrado tudo, exceto o não correspondente, que era a linha que tinha o conteúdo de "linha2".

```
# fgrep -w linha teste
```

Neste exemplo do nosso arquivo teste, não será mostrado nada, pois não existe uma palavra "linha", pelo menos não inteira. No arquivo teste existem as palavras linha1, linha2, linha3, etc. mas não a palavra linha sozinha e com a opção –w, que procura por palavras. Assim, neste caso, não será mostrado nada.

fi

Usado juntamente com o comando if.

Veja também: scripts

Exemplo:

```
if ! grep -q "alias $device_eth0" /etc/modprobe.conf
; then
    echo "alias $device_eth0 $driver_eth0" >> /etc/
modprobe.conf
else
  sed -i "/alias $device_eth0/ s/^.*$/alias $device_eth0
$driver_eth0/" /etc/modprobe.conf
fi
```

file

Exibe e altera o tipo de um arquivo. Informa se é um arquivo texto, binário ou compactado.

Exemplos:

Num arquivo chamado teste, será mostrado algo conforme a próxima figura:

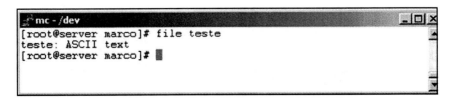

Num diretório, será mostrado algo conforme a próxima figura:

Alguns tipos de retorno:

- ASCII text
- directory
- Bourn-Again shell script

Veja a execução do comando num outro arquivo, conforme a próxima figura:

A opção –z analisa o(s) tipo(s) de arquivo(s) dentro de um arquivo compactado.

find

Pesquisa arquivos a partir de caminhos especificados, ou abaixo do diretório atual. Esta pesquisa de arquivos pode ser das mais variadas formas, como, por exemplo, por data, permissões, donos etc.

Exemplos:

find /home -name teste

Irá pesquisar o arquivo teste a partir do diretório /home, incluindo seus subdiretórios.

find /home -name ´teste*´

Irá pesquisar todos os arquivos que comecem com teste, inclusive quaisquer extensões, a partir do diretório /home, incluindo seus subdiretórios.

find / -name ´teste*´

Irá pesquisar todos os arquivos que comecem com teste, inclusive quaisquer extensões, a partir do /, incluindo todos seus subdiretórios, ou seja, em tudo.

find / -name teste2 -exec rm -f {} \;

Irá pesquisar todos os arquivos com o nome de teste2, a partir do /, e quando achar, irá executar o comando rm –f, ou seja, irá apagá-los sem pedir confirmação. A string "{}" substitui pelo nome do arquivo encontrado e a "\" termina a lista do comando. A sintaxe para uso com a opção –exec seria assim: # find /caminho –exec comando {}\;

find / -name teste6 –user marco

Irá pesquisar todos os arquivos com o nome de teste6, a partir do /, sendo esses arquivos do usuário marco.

find / -type l –user marco

Irá pesquisar todos os arquivos que sejam do tipo links simbólicos (-type l), a partir do / e que sejam do usuário marco. A opção –type aceita d (diretórios), f (arquivos normais) e o l (letra "ele" minúscula) como mostrado aqui.

finger

Mostra detalhes sobre os usuários logados num sistema local ou remoto. Para fins de segurança, é recomendado desativar este serviço na máquina local.

Sintaxe: finger *usuário* ou *usuário@host*

Exemplos:

```
# finger
```

Irá aparecer algo conforme mostra a próxima figura:

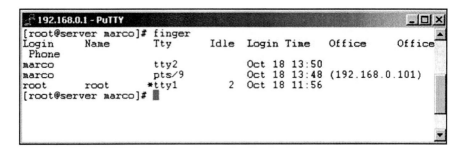

Agora vou logar como root em mais dois consoles, o tty3 e o tty4.

Confira agora, conforme a próxima figura:

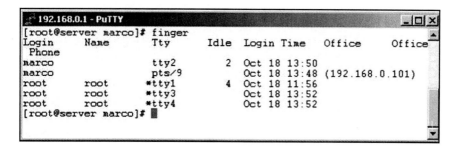

Ou seja, mostra além de outros, o root agora também logado nos tty3 e tty.

fonte

Para mudar o tipo da fonte no console, veja o comando setfont.

for

Comando muito utilizado em scripts. Veja mais sobre scripts no Capítulo S.

O laço for vai substituindo uma variável por um valor e vai executando os comandos pedidos.

Sintaxe:

```
for VAR in LISTA
     do
            comandos
done
```

114 | *Comandos Linux: Prático e didático*

ou:

```
for ((exp1;exp2;exp3))
```

Exemplos:

No terminal:

```
# for i in 1 2 3 4 5 6 7 8 9; do echo $i; done
```

Será mostrado algo conforme a próxima figura:

```
192.168.0.1 - PuTTY                                          _□×
[root@server marco]# for i in 1 2 3 4 5 6 7 8 9; do echo $i; done
1
2
3
4
5
6
7
8
9
[root@server marco]#
```

Num arquivo:

```
for i in *
    do
        cp $i $i.backup
        mv $i.backup /usr/backup
done
```

Comandos Linux: Prático e didático | 115

Primeiramente, o laço for atribuiu o valor de retorno do comando "*" (que é equivalente a um ls sem nenhum parâmetro) para a variável $i, depois executa o bloco de comandos. Em seguida, atribui outro valor do comando "*" para a variável $1 e executa novamente os comandos. Isso se repete até que não sobrem valores de retorno do comando "*".

Outro exemplo:

```
for original in *; do
    resultado=`echo $original |
            tr '[:upper:]' '[:lower:]'`
    if [ ! -e $resultado ]; then
        mv $original $resultado
    fi
done
```

Aqui, o que ocorre é a transformação de letras maiúsculas para minúsculas. Para cada arquivo que o laço lê, uma variável chamada $resultado irá conter o arquivo em letras minúsculas. Para transformar em letras minúsculas, usei o comando tr. Caso não exista um arquivo igual e com letras minúsculas, o arquivo é renomeado para o valor da variável $resultado, de mesmo nome, mas com letras minúsculas.

format

Inicializa um floppy.

fortune

Um aplicativo que exibe uma citação aleatória, ou melhor, exibe mensagens aleatoriamente. Usado quando do login do usuário, como, por exemplo, na exibição de mensagens sobre segurança.

116 | *Comandos Linux: Prático e didático*

É necessário um arquivo contendo as frases. A sintaxe é fortune arquivo.

O fortune aceita mais de um arquivo contendo as mensagens e ainda a porcentagem de quanto vai usar de cada arquivo.

Pode-se criar um arquivo de citações com o comando strfile.

free

Exibe um relatório da memória livre, usada, e o buffers da memória RAM, assim como o Swap.

Opções:

-b:

Mostra em bytes

-k:

Mostra em kbytes

-m:

Mostra em megabytes

-t:

Mostra uma linha com o total

Comandos Linux: Prático e didático | 117

Exemplos:

```
# free
```

Será mostrado algo conforme a próxima figura:

```
[root@server marco]# free
            total       used       free     shared    buffers
 cached
Mem:        256164     197612      58552          0     53432
  49096
-/+ buffers/cache:       95084     161080
Swap:        265032          0     265032
[root@server marco]#
```

```
# free -m
```

```
[root@server marco]# free -m
            total       used       free     shared    buffers
 cached
Mem:           250        192         57          0         52
  47
-/+ buffers/cache:          92        157
Swap:           258          0        258
[root@server marco]#
```

Na figura anterior, usei a opção –m, para ver em megabytes.

fsck

Verifica e repara a integridade de um sistema de arquivos. Este comando pode ser útil, por exemplo, depois de uma falha ou queda de energia. Pode-se informar tanto o dispositivo a ser analisado como, por exemplo, /dev/hda3, como o ponto de montagem do sistema, como /home.

118 | *Comandos Linux: Prático e didático*

Deve-se utilizá-lo em partições desmontadas para garantir a integridade do sistema.

Exemplo:

```
# fsck -v /dev/hda3
```

ftp

De "file transfer protocol". Permite a transferência de arquivos do computador remoto para um local ou do local para o remoto. O file transfer protocol é o sistema de transmissão de arquivos mais usado na Internet. É necessário ter um serviço de ftp rodando para se fazer a conexão, ou seja, um servidor de ftp. Numa conexão é necessário fazer a autenticação do usuário, sendo que em muitos servidores ftp é disponibilizado o acesso anônimo aos usuários, ou melhor, o acesso público.

Alguns dos comandos ftp essenciais são:

ls:

Mostra os arquivos no sistema remoto.

ASCII, binary (estabelece o modo de transferência para texto (ascii) ou binário, sendo importante que você selecione o apropriado).

get:

Copia um arquivo do sistema remoto para o sistema local.

mget:

Copia vários arquivos de uma só vez.

put:

Copia um arquivo do sistema local no sistema remoto.

mput:

Copia vários arquivos no sistema remoto de uma só vez.

bye:

Encerra sessão.

ftpwho

Mostra quem está conectado ao servidor FTP.

função

Funções são muito utilizadas em scripts. Veja mais sobre scripts no Capítulo S.

Funções são blocos de comandos que podem ser definidos para uso posterior em qualquer parte do programa, ou script. Praticamente todas as linguagens usam funções que ajudam a organizar o programa. É muito comum um script começar simples e terminar enorme, chegando a ter várias páginas de código. A definição de funções para tarefas, tais como menus, verificação de argumentos etc., torna o código muito mais legível e fácil de ser analisado.

Sintaxe:

```
funcao() {
    comando1
    comando2
    . . .
}
```

120 | *Comandos Linux: Prático e didático*

A função será como um comando próprio, ou seja, você executa a função em qualquer lugar do script, e os comandos que lá estão serão executados.

Pode-se inclusive criar programas e colocar as funções num arquivo separado e, no início do programa principal, colocar uma chamada para carregar as funções, como, por exemplo:

```
#!/bin/sh
read  /home/marco/progs/funcao02.sh
...
....
.....
......
```

Um exemplo de chamada de uma função num mesmo arquivo:

```
funcao1() {
comando1
comando2
comando3
}
.
.
.
.
parte do meu programa
.
.
.
funcao1            (aqui eu chamo a função)
.
.
```

fuser

Identifica os usuários que estão usando um determinado arquivo e/ou diretório, inclusive o processo.

Sintaxe: fuser opção

Exemplos:

```
# fuser -u /home/marco
```

Conforme a próxima figura, os seguintes usuários estão acessando o diretório:

```
mc - /home/marco                                               _ □ x
[root@server root]# fuser -u /home/marco
/home/marco:          2021c(root)   2165c(marco)   2178c(root)   2194c(r
oot)   2195c(root)   2196c(root)
[root@server root]#
```

Um outro exemplo, para ver quem está acessando o cd-rom:

```
# fuser -u /mnt/cdrom
```

Use:

```
# fuser -h
```

ou

```
# man fuser
```

Ajuda do comando fuser.

CAPÍTULO

gaim
Aplicativo para uso de mensagens instantâneas.

gcc
De "GNU C Compiler". É um compilador C/C++. Seu site é www.gnu.org.

Sintaxe: gcc opççao arquivos

Muitas opções do gcc consistem em mais de um caracter. Os dois comandos a seguir, por exemplo, não são idênticos:

```
# gcc -p -g programa.c
# gcc -pg programa.c
```

gdb
Aplicativo para depuração de programas C, C++ e Modula-2.

getty

Faz parte do pacote getty_ps. O getty é iniciado pelo processo init para abrir as linhas tty e configurar o seu modo de funcionamento, imprimir a identificação de acesso ao sistema e receber o nome do usuário e iniciar o processo login para o usuário. Resumindo, ele ajuda no processo de permissão de acesso dos usuários, assim como o init e o login. Aliás, o getty é o segundo comando no processo, cuja seqüência é init, getty e login, sendo que inicia o getty. Algumas distribuições executam um getty de funcionalidade reduzida chamado mingetty.

ghostview

Um aplicativo para visualização de arquivos do tipo .ps (PostScript) e PDF.

GID

O termo GID significa "Group Identification", traduzindo, identificação de grupo.

No Linux, arquivos e diretórios são organizados em grupos. O GID de um arquivo é herdado do usuário que o criou, mas pode-se alterar o grupo com o comando chgrp.

Um arquivo pertence a um único grupo, diferente de usuários, que podem ser membros de um ou mais grupos.

O valor de GID é não negativo, sendo que valores entre 0 e 499 são reservados para as contas do sistema e valores maiores que 499 são alocados para os grupos do sistema.

O GID zero a um usuário ou arquivo dá ao mesmo acesso irrestrito ao sistema, o que não equivale a ser o root.

O comando id identifica o GID de usuários.

gpasswd

Permite alterar a senha de grupos, assim como fazer manutenção no arquivo principal de grupos, o /etc/group.

Sintaxe: gpasswd opção grupo

Opções:

-a user:

Adiciona um usuário

-d user:

Remove um usuário

-r:

Remove a senha do grupo

gpg

Este comando encripta e decripta um arquivo.

Exemplos:

gpg -c teste

Encripta o arquivo teste.

gpg teste.gpg

Decripta o arquivo teste.gpg.

gpm

Mouse driver para uso no terminal.

```
# gpm
```

grep

Procura por palavra especificada, ou uma expressão, nas linhas de um arquivo. Basicamente, ele faz buscas. É muito usado juntamente com o pipe (|) e caracteres coringas.

Exemplos:

grep mozilla teste1.txt

Irá mostrar todas as linhas que contenham a palavra mozilla do arquivo teste1.txt

grep –n mozilla teste1.txt

Irá mostrar todas as linhas que contenham a palavra mozilla do arquivo teste1.txt, numerando-as.

grep –n mozilla teste1.txt > teste5

Irá colocar todas as linhas, numeradas, que contenham a palavra mozilla do arquivo teste1.txt no novo arquivo criado, o teste5.

grep marco /etc/passwd

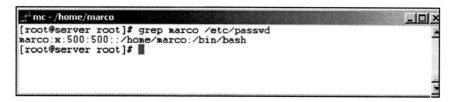

Conforme mostra a figura anterior, o comando irá procurar e, caso ache, listar a linha que contém a palavra marco no arquivo /etc/passwd.

grep ^m /tec/passwd

Irá listar a linha que tenha qualquer palavra iniciada pela letra m no arquivo especificado.

Obs:

O caracter " ^ " significa começo de linha, e o " $ " significa fim da linha.

$ grep T$ /etc/firewall.sh

Irá listar todas as linhas que tenham alguma palavra que termina com T do arquivo especificado.

$ grep T$ /etc/firewall.sh > /home/teste9

Irá listar todas as linhas que tenham alguma palavra que termina com T do arquivo especificado e colocá-las no arquivo /home/teste9.

$ grep –c T$ /etc/firewall.sh

Irá listar, mas não mostrar, todas as linhas que tenham alguma palavra que termina com T do arquivo especificado e retornar a quantidade total de linhas achadas, conforme a próxima figura:

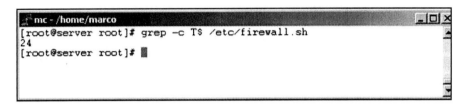

rpm -qa | grep iptables

Irá listar todos os pacotes do iptables, conforme a próxima figura:

grep –v echo /home/verlogs1.sh

Irá listar todas as linhas que não (-v) tenham a palavra echo do arquivo especificado.

grep –v ^# /home/verlogs1.sh

Irá listar todas as linhas que não (-v) comecem (^) com o caracter # do arquivo especificado.

grep –v ^# /home/verlogs1.sh > teste14

Irá listar todas as linhas que não comecem com o caracter # do arquivo especificado e colocá-las no arquivo teste14.

grep -v ^# /etc/apache/configura.conf | sed -e '/^$/d'

Irá listar todas as linhas que não comecem com o caracter # e direcioná-las (o pipe) para o comando sed, que, neste caso, não irá exibir as linhas em branco.

grep marco /etc/passwd

Neste exemplo irá procurar a palavra marco no arquivo especificado, mas caso exista a palavra marcos no arquivo, será mostrado ! Então neste caso, use:

```
# grep -w marco /etc/passwd
```

Operadores úteis:

Use o [ ] para casar algum caracter, ou faixa, de uma lista:

"[Ee]sta" é o mesmo para as linhas contendo "Esta" ou "esta".

"[^Ee]sta" é o mesmo para as linhas que não contêm "Esta" ou "esta".

[0-5] é o mesmo para as linhas contendo [012345].

[a-d] é o mesmo para as linhas contendo [abcd].

[A-D] é o mesmo para as linhas contendo [ABCD].

[[:alpha:]] é o mesmo para as linhas contendo [a-zA-Z].

[[:upper:]] é o mesmo para as linhas contendo [A-Z].

[[:lower:]] é o mesmo para as linhas contendo [a-z].

grep "suse\|conectiva" teste

Mostra linhas contendo "suse" OU "conectiva" do arquivo teste.

130 | *Comandos Linux: Prático e didático*

grep "Eu gosto da distribuição \(suse\|conectiva\)" teste.

Mostra linhas contendo "Eu gosto da distribuição suse" OU "Eu gosto da distribuição conectiva" do arquivo teste.

groupadd

Cria um novo grupo.

Exemplo:

groupadd teste1

Cria um novo grupo com o nome teste1.

O arquivo que contém a relação dos grupos é o /etc/group. Veja parte dele na próxima figura:

```
mc - /home/marco                                          _ □ ×
console:x:16:
haclient:x:17:
floppy:x:19:
games:x:20:
cdrom:x:24:
audio:x:29:
gopher:x:30:
dip:x:40:
ftp:x:50:
sync:x:65:
shutdown:x:66:
halt:x:67:
users:x:100:
nobody:x:65534:
www:x:51:
utmp:x:22:
rpcuser:x:101:
sshd:x:102:
slocate:x:21:
pppusers:x:230:
popusers:x:231:
slipusers:x:232:
marco:x:500:
desliga:x:501:
proxy:x:233:
[root@server etc]#
```

groupdel

Exclui um grupo.

Exemplo:

groupdel teste1

Exclui o grupo teste1.

Dica:

Você não pode remover o grupo primário de um usuário; portanto, remova o usuário primeiro.

---

groupmod

Altera um grupo existente.

Exemplos:

groupmod –n novo antigo

Altera o nome do grupo antigo para o novo.

groupmod –g 513 professor

Altera o ID do grupo professor para o novo ID, 513.

groups

Mostra o(s) grupo(s) ao(s) qual(is) um ou mais usuários pertencem.

Exemplos:

groups marco

Mostra o grupo ao qual o usuário marco pertence.

Caso não seja especificado nenhum usuário, será(ã) apresentado(s) o(s) grupo(s) do usuário que está executando o comando.

groups marco thiago

Mostra os grupos aos quais os usuários marco e thiago pertencem.

grpck

Verifica a integridade dos arquivos relacionados com grupo, que são o /etc/group e o /etc/gshadow.

Sintaxe: grpck

Exemplos:

```
# grpck
```

```
# grpck group
```

grpconv

Migra as senhas criptografadas do /etc/group para o /etc/gshadow. Após a execução deste comando, a posição da senha em /etc/group será preenchida com um "x".

Use o comando grpunconv para eliminar o arquivo /etc/gshadow.

Veja também: pwconv

É raro o uso deste comando.

grpunconv

Migra as senhas criptografadas do /etc/gshadow para o /etc/group.

Para gerar novamente o arquivo /etc/gshadow, use o comando grpconv.

gunzip

Descompacta arquivos compactados pelo gzip.

Veja também: gzip

Opções:

-f:

Força a descompactação mesmo se o arquivo(s) já existir(em), ou seja, será substituído.

-l:

Lista o conteúdo do arquivo compactado.

134 | *Comandos Linux: Prático e didático*

-t:

Testa a integridade do arquivo compactado.

Exemplos:

```
# gunzip teste9
```

Descompacta o arquivo teste9.

```
# gunzip -f teste9
```

Descompacta o arquivo teste9.gz.Caso o arquivo teste9 já exista, será substituído.

gv

Um aplicativo que serve para visualizar arquivos Postscript/PDF.

gzexe

Compacta um arquivo, tornando-o executável. Após a execução deste comando, com o arquivo teste, por exemplo, o original terá o nome de teste~ e o compactado e executável terá o nome de teste.

Exemplos:

```
# gzexe teste
```

Compacta o arquivo teste.

gzexe –d teste

Descompacta o arquivo teste.

gzip

Compacta um arquivo. A extensão do novo arquivo será .gz.

Veja também: gunzip

Sintaxe: gzip opção arquivo

Exemplos:

gzip teste9

Compacta o arquivo teste9, colocando nele a extensão .gz.

gzip –f teste9

Compacta o arquivo teste9, colocando nele a extensão .gz.Caso o arquivo teste9.gz já exista, será substituído.

gzip –l teste9.gz

Lista o conteúdo, ou informações, do arquivo compactado, conforme a próxima figura:

```
mc - /home/marco                                              _ □ x
[root@server home]# gzip -l teste9.gz
        compressed            uncompressed   ratio uncompressed_name
             27                         0   0.0% teste9
[root@server home]#
```

136 | *Comandos Linux: Prático e didático*

gzip –t teste9.gz

Testa a integridade do arquivo compactado.

gzip –d teste9

Descompacta o arquivo teste9. Faz a mesma função do comando gunzip.

gzip –r /home/outro

Compacta todos os arquivos (individualmente) que estão no diretório /home/outro.

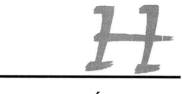

CAPÍTULO

halt

Pára o sistema. Por default, isso é registrado no arquivo /var/log/wtmp.

Sintaxe: halt opção

Veja também: reboot, init e shutdown

Opções:

-d:

    Não registra a parada no arquivo default.

-w:

    Registra a parada no arquivo default, mas não pára.

-i:

    Desliga as eth antes de parar.

head

Mostra as primeiras linhas de um arquivo. Por default, as dez primeiras.

Exemplos:

head /etc/samba/smb.conf

Mostra as dez primeiras linhas do arquivo especificado, conforme a próxima figura:

```
mc - /var/log                                            _|□|×
[root@server samba]# head /etc/samba/smb.conf
[global]
    workgroup = MYDOMAIN
        server string = Conectiva Linux SMB Server
        printcap name = cups
        load printers = yes
        printing = cups
        log file = /var/log/samba/%m.log
        max log size = 50
        debug level = 1
    security = user
[root@server samba]#
```

head /etc/samba/smb.conf –n 12

Mostra as 12 primeiras linhas do arquivo especificado, conforme a próxima figura:

```
mc - /var/log                                            _|□|×
[root@server samba]# head /etc/samba/smb.conf –n 12
[global]
    workgroup = MYDOMAIN
        server string = Conectiva Linux SMB Server
        printcap name = cups
        load printers = yes
        printing = cups
        log file = /var/log/samba/%m.log
        max log size = 50
        debug level = 1
    security = user
        encrypt passwords = yes
        smb passwd file = /etc/samba/smbpasswd
[root@server samba]#
```

Comandos Linux: Prático e didático | 139

help

Exibe informações sobre um comando.

Sintaxes:

comando —help

help comando

comando -h

Exemplos:

groups —help

Mostra o help do comando groups.

help cd

Mostra o help do comando cd.

history

Lista os comandos que o usuário executou no console.

Sintaxe: history

Exemplo:

history

Deverá aparecer algo parecido com a próxima figura:

140 | *Comandos Linux: Prático e didático*

```
192.168.0.1 - PuTTY                                    _ | □ | ×
420   ls tes* | xargs rm -f
421   ls
422   touch teste1
423   touch teste2
424   touch teste3
425   clear
426   ls tes* | xargs rm -f | xargs ls
427   clear
428   ls
429   touch teste1
430   touch teste2
431   touch teste3
432   clear
433   ls
434   clear
435   ls
436   clear
437   ls tes* | xargs rm -f | xargs ls
```

Para apagar a listagem dos comandos, use a opção –c:

history -c

Para localizar comandos específicos, use-o juntamente com o comando grep:

history | grep ls

Veja o resultado na próxima figura:

```
192.168.0.1 - PuTTY                                    _ | □ | ×
[root@firewall home]# history | grep ls
    5   ls
    7   history | grep ls
    9   ls
   11   history | grep ls
[root@firewall home]# █
```

Neste exemplo, foi localizada a execução de três comandos contendo "ls".

Comandos Linux: Prático e didático | 141

Dica:

Essa listagem do history é mantida no arquivo .bash_history no diretório padrão de cada usuário.

A quantidade do histórico dos comandos digitados usando a shell Bash pode ser alterada. Para isso, edite o arquivo ~/.bashrc. Este arquivo existe em cada diretório de cada usuário, inclusive do root.

Neste exemplo, vamos editar o do root:

```
# mcedit /root/.bashrc
```

e incluir as seguintes linhas:

```
export  HISTSIZE=1000
export  HISTFILESIZE=1000
```

Com esta configuração, será armazenado no arquivo /root/ .bash_history um total de 1000 comandos. A variável HISTSIZE é responsável por isso, e a HISTFILESIZE limita o número de linhas do arquivo.

host

Busca na tabela de DNS.

Sintaxe: host nome_do_host

hostname

Mostra o nome de host do sistema.

Exemplos:

hostname

Mostra o hostname, conforme a próxima figura:

```
192.168.0.1 - PuTTY                                    _ □ x
[root@firewall log]# hostname
firewall.rede
[root@firewall log]# █
```

hostname –d

Mostra o nome de domínio do host.

hostname –i

Mostra o IP do host, conforme a próxima figura:

```
192.168.0.1 - PuTTY                                    _ □ x
[root@firewall log]# hostname -i
192.168.0.1
[root@firewall log]# █
```

hwclock

Mostra e altera a data e hora do relógio do hardware.

Veja também: setclock e clock

Comandos Linux: Prático e didático | **143**

Exemplo:

hwclock

Deverá ser mostrado:

```
192.168.0.1 - PuTTY
[root@server marco]# hwclock
Qui 13 Out 2005 15:52:46 BRT  -0.452751 segundos
[root@server marco]#
```

CAPÍTULO I

id

Identifica os UIDs e GIDs efetivos e reais.

Sintaxe: id opção usuário

Opções:

-g:

Mostra somente a identificação do grupo primário.

-G:

Mostra a identificação de outros grupos que pertence.

-n:

Mostra o nome do usuário e grupo , em vez da identificação numérica.

-u:

Mostra apenas o número de identificação do usuário.

146 | *Comandos Linux: Prático e didático*

-r:

Mostra a identificação real de usuário e grupo, em vez da efetiva. Esta opção deve ser usada junto com uma das opções -u, -g, ou -G.

Dica:

O uso do comando id sem parâmetros faz com que o sistema informe o UID do usuário e o GID dos grupos dos quais o usuário é membro.

Exemplos:

id

Logado como root, será mostrado algo conforme a próxima figura:

```
mc - /var/log                                              _ □ x
[root@server samba]# id
uid=0(root) gid=0(root) grupos=0(root),1(bin),2(daemon),3(sys),4(adm),6
(disk),10(wheel)
[root@server samba]#
```

id marco

Ainda logado como root, será mostrado algo conforme a próxima figura:

```
[root@server samba]# id marco
uid=500(marco) gid=500(marco) grupos=500(marco)
[root@server samba]#
```

id –nG marco

Informa os grupos dos quais o usuário marco é membro, conforme a próxima figura:

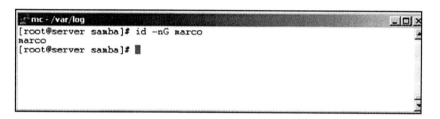

if

Muito usado em scripts. Veja mais sobre scripts no Capítulo S.

Sintaxe:

```
if CONDIÇÃO
     then
          comandos
elif CONDIÇÃO
          comandos
else
          comandos
fi
```

148 | *Comandos Linux: Prático e didático*

Um exemplo:

```
if [ -e /home/teste1 ]
    then
        echo "O arquivo existe"
else
        echo "O arquivo não existe"
fi
```

Neste exemplo, o if verifica se existe o arquivo /home/teste1. Em caso positivo, retorna a mensagem "O arquivo existe"; caso contrário, retorna a mensagem "O arquivo não existe". Neste exemplo, usamos a opção –e, mas veremos, mais adiante, opções para serem usadas com arquivos e variáveis.

Dica:

> Não se esqueça de colocar na primeira linha de um script (#!/bin/bash) e torná-lo executável.

---

ifconfig

Apresenta o status e configura uma interface de rede.

Exemplos:

ifconfig

Mostra todas as interfaces de rede ativas.

ifconfig eth0 192.168.0.39 netmask 255.255.255.0

Configura a eth0 com o IP e máscara especificados.

Comandos Linux: Prático e didático | **149**

Dica:

Depois de mudar o IP pelo ifconfig, muda-se apenas naquele momento, ou seja, fica somente na RAM, inclusive perde-se as rotas. Para fixar a mudança, é necessário alterar o arquivo e reiniciar o serviço de rede.

---

ifconfig eth0 down

Derruba a eth0.

ifconfig eth0 up

Ativa a eth0.

ifdown

Derruba (desativa) uma interface de rede.

Exemplo:

ifdown eth0

Derruba a interface eth0.

ifport

Define o tipo de comunicação da interface, como, por exemplo, auto, 10baseT, 10base2 etc.

150 | *Comandos Linux: Prático e didático*

ifup

Levanta (ativa) uma interface de rede.

Exemplo:

ifup eth0

Levanta a interface eth0.

info

Comando parecido com o man.

Sintaxe: info comando

init

Processo de controle da inicialização do sistema. O init é o principal de todos os processos, como se estivesse no topo. Ele procura pelo arquivo /etc/inittab que descreve os processos a serem inicializados para o funcionamento do sistema. Veja parte do arquivo inittab:

```
192.168.0.1 - PuTTY                                        _ □ ×
id:3:initdefault:

# System initialization.
si::sysinit:/etc/rc.d/rc.sysinit

su:S:wait:/etc/rc.d/rc.sulogin
10:0:wait:/etc/rc.d/rc 0
11:1:wait:/etc/rc.d/rc 1
12:2:wait:/etc/rc.d/rc 2
13:3:wait:/etc/rc.d/rc 3
14:4:wait:/etc/rc.d/rc 4
15:5:wait:/etc/rc.d/rc 5
16:6:wait:/etc/rc.d/rc 6

# Things to run in every runlevel.
#ud::once:/sbin/update

# Trap CTRL-ALT-DELETE
--Mais--(46%)
```

Veja também: reboot, halt e shutdown

Exemplos:

init 6

Reinicializa o micro.

init 0

Desliga o micro.

init 5

Inicia modo gráfico.

init 3

Inicia modo texto.

inode

Cada diretório e arquivo são identificados como um número de nó, ou seja, um inode. Um inode é uma estrutura de dados que possui informações sobre um determinado arquivo ou diretório.

Um arquivo possui um único inode, não importa por quantos nomes este arquivo seja identificado no sistema.

insmod

Carrega módulos do kernel (na memória). Para leigos, vou falar que um módulo seria como um driver de um dispositivo no Windows, como um driver de uma placa de vídeo.

152 | *Comandos Linux: Prático e didático*

Exemplo:

insmod 8139too

Instala o módulo de rede rtl8139.

ipcrm

Remove um recurso.

Sintaxe: ipcrm opção id

Onde id identifica o recurso a ser removido.

Opções:

msg:

O recurso a ser removido é uma mensagem.

sem:

O recurso a ser removido é um semáforo.

shm:

O recurso a ser removido é um segmento compartilhado de memória.

ipcs

Sintaxe: ipcs opção

Opções:

-a:

Informações sobre todos os recursos.

-m:

Informações sobre memória compartilhada.

-q:

Informações sobre filas de mensagens.

-s:

Informações sobre cadeias de semáforos.

Exemplo:

ipcs

Será mostrado algo conforme a próxima figura:

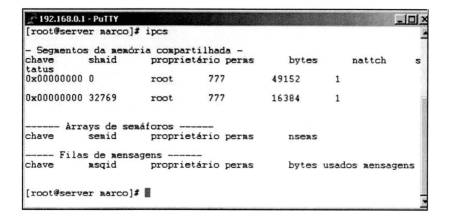

154 | *Comandos Linux: Prático e didático*

iptables

Um comando de regras do filtro de pacotes "iptables".

Exemplo:

iptables -L

Lista todas as regras do firewall.

Obs:

Aqui, neste exemplo, apenas indiquei que existe o iptables, já que não é nosso objetivo falar sobre ele. Seria necessário dedicar um livro um inteiro somente para suas regras.

ispell

Uma ferramenta para correção ortográfica.

Sintaxe: ispell opção arquivo

Opções:

-d:

Especifica o idioma da verificação ortográfica.

-t:

O arquivo de entrada está no formato TEX ou LATEX.

-b:

Cria um arquivo de back-up com extensão bak.

-x:

Não cria arquivo de back-up.

CAPÍTULO

jed

Um editor de textos.

jobs

O comando jobs mostra os processos que estão parados ou rodando em *segundo plano, ou seja, em background*. Processos em segundo plano são iniciados usando o símbolo "&" no final da linha de comando ou através do comando bg, como, por exemplo:

```
# comando1 &
# comando2 &
```

Veja também: bg e fg

joe

Um editor de textos.

CAPÍTULO

kbd_mode

Mostra e altera o modo do teclado.

Sintaxe: kbd_mode opção

Opções:

-a:

    Modo ASC II.

-u:

    Modo UFT-8 (unicode).

-k:

    Modo código de tecla.

-s:

    Modo RAW (scancode).

-h:

Mostra o help do comando.

Exemplos:

kbd_mode

Mostra o modo atual, conforme a próxima figura:

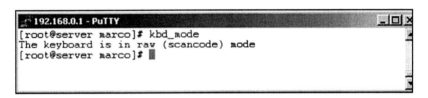

kbd_mode -a

Define para o modo ASC II.

kbdrate

Mostra e altera a taxa de repetição e tempo de atraso do teclado.

Sintaxe: kbdrate opção

Opções:

-r:

Taxa de repetição.

-d:

Define o atraso, em milissegundos.

Exemplo:

kbdrate

Mostra o atual, conforme a próxima figura:

```
192.168.0.1 - PuTTY
[root@server marco]# kbdrate
Typematic Rate set to 10,9 cps (delay = 250 ms)
[root@server marco]#
```

kernel

O kernel, na verdade, é o núcleo de um sistema operacional. O Windows, Linux e todos os outros sistemas operacionais têm um kernel. Uma distribuição Linux, como, por exemplo, Conectiva, Suse etc., é composta de vários aplicativos em cima do kernel do Linux. O kernel do Linux é distribuído sob os termos da GPL (General Public License), ou seja, livre. O número da versão do kernel é composto de três partes: o número principal, o número secundário e o nível de revisão/manutenção. O primeiro número quase nunca é alterado. O segundo número altera quando grandes mudanças são feitas no kernel, onde números pares (0,2,4,...) indicam versões estáveis e números ímpares (1,3,5,...) indicam versões de teste. A terceira parte quase sempre é alterada. Veja um exemplo na próxima figura:

```
192.168.0.1 - PuTTY
[root@server boot]# ls -l vmlinuz*
-rw-r--r--  1 root root 1424550 2004-06-17 21:41 vmlinuz-2.6.5-63077cl
[root@server boot]#
```

160 | *Comandos Linux: Prático e didático*

A versão usada no seu sistema é indicada pelo arquivo vmlinuz ou vmlinux, dependendo da distribuição.

kernelcfg

Um aplicativo gráfico para adicionar e remover módulos do kernel. Funciona no terminal X.

kill

Termina um processo em andamento. Um processo poderia ser, mais comumente, um programa. Um processo é identificado pelo PID (Process Identification Number). Veja, na próxima figura, um exemplo de alguns processos:

```
192.168.0.1 - PuTTY                                          _ □ x
[root@server marco]# ps a
  PID TTY       STAT   TIME COMMAND
 1958 tty1       S      0:00 /sbin/mingetty tty1 --noclear
 1959 tty2       S      0:00 /sbin/mingetty tty2
 1960 tty3       S      0:00 /sbin/mingetty tty3
 1961 tty4       S      0:00 /sbin/mingetty tty4
 1962 tty5       S      0:00 /sbin/mingetty tty5
 1963 tty6       S      0:00 /sbin/mingetty tty6
 1987 pts/2      S      0:00 -bash
 2000 pts/2      S      0:00 su
 2001 pts/2      S      0:00 bash
 2063 pts/2      R      0:00 ps a
[root@server marco]#
```

Veja também: ps e killall

Exemplos:

kill –l

Lista os nomes de sinal, conforme a próxima figura:

Comandos Linux: Prático e didático | 161

```
[root@server boot]# kill -1
 1) SIGHUP      2) SIGINT      3) SIGQUIT     4) SIGILL
 5) SIGTRAP     6) SIGABRT     7) SIGBUS      8) SIGFPE
 9) SIGKILL    10) SIGUSR1    11) SIGSEGV    12) SIGUSR2
13) SIGPIPE    14) SIGALRM    15) SIGTERM    17) SIGCHLD
18) SIGCONT    19) SIGSTOP    20) SIGTSTP    21) SIGTTIN
22) SIGTTOU    23) SIGURG     24) SIGXCPU    25) SIGXFSZ
26) SIGVTALRM  27) SIGPROF    28) SIGWINCH   29) SIGIO
30) SIGPWR     31) SIGSYS     35) SIGRTMIN   36) SIGRTMIN+1
37) SIGRTMIN+2 38) SIGRTMIN+3 39) SIGRTMIN+4 40) SIGRTMIN+5
41) SIGRTMIN+6 42) SIGRTMIN+7 43) SIGRTMIN+8 44) SIGRTMIN+9
45) SIGRTMIN+10 46) SIGRTMIN+11 47) SIGRTMIN+12 48) SIGRTMIN+13
49) SIGRTMIN+14 50) SIGRTMAX-14 51) SIGRTMAX-13 52) SIGRTMAX-12
53) SIGRTMAX-11 54) SIGRTMAX-10 55) SIGRTMAX-9  56) SIGRTMAX-8
57) SIGRTMAX-7  58) SIGRTMAX-6  59) SIGRTMAX-5  60) SIGRTMAX-4
61) SIGRTMAX-3  62) SIGRTMAX-2  63) SIGRTMAX-1  64) SIGRTMAX
[root@server boot]#
```

kill 1706

Apaga o processo, que, neste caso, era somente um usuário que estava logado no terminal tty2.

ps aux | grep squid

Lista o processo que o squid está rodando, conforme a próxima figura:

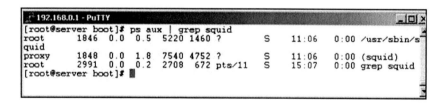

Assim, seria necessário somente executar um kill nos processos do squid para finalizá-lo.

kill –9 2991

Força a parada (mata) do processo especificado.

killall

Apaga todos os processos em andamento com um nome em comum, sem a necessidade de saber o PID. Caso exista mais de um processo com o mesmo nome, os dois serão finalizados.

Veja também: ps e kill

Exemplos:

killall –l

Lista os nomes de sinal.

killall squid

Apaga o processo. Neste exemplo, estamos finalizando todo o processo do squid.

killall5

Encontra e retorna o número PID de um processo sendo executado.

Sintaxe: killall5 *opção processo*

Opções:

-s:

Instrui o programa para retornar somente o número PID.

-x:

Faz o killall5 retornar o PID do interpretador de comandos que está executando o processo.

-o [numero]:

Não mostra processos com PID [numero].

Comandos Linux: Prático e didático | 163

Exemplo:

killall5 -s init

Kmail

Um aplicativo de gráfico de gerenciamento de e-mail. Funciona no terminal X.

kmid

Um aplicativo gráfico reprodutor MIDI/karaokê. Funciona no terminal X.

kmidi

Um aplicativo gráfico reprodutor MIDI. Funciona no terminal X.

kmix

Um aplicativo de mixer de sons. Funciona no terminal X.

knode

Um aplicativo para newsgroup. Funciona no terminal X.

konqueror

Um aplicativo para gerenciar arquivos e também um ótimo browser. Funciona no terminal X.

164 | *Comandos Linux: Prático e didático*

kpm

Um aplicativo gráfico gerenciador de processo KDE. Funciona no terminal X.

kscd

Um aplicativo gráfico reprodutor de CD. Funciona no terminal X.

ksyms

Apresenta informações sobre símbolos de kernel exportados.

Opções:

-a:

Todos os símbolos.

-m:

Módulos.

kudzu

Um aplicativo para detectar e configurar um novo periférico (hardware). Pode ser executado manualmente e até mesmo colocado na inicialização do Linux.

Sintaxe: kudzu

Exemplo:

kudzu

kuser

Um aplicativo gráfico de gerência de usuários e grupos. Funciona no terminal X.

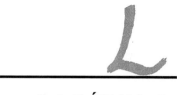

CAPÍTULO

last

Exibe informações referentes a login e logout de usuários do sistema.

Opções:

-d:

    Para listagem de logins remotos.

-a:

    O host aparece na última coluna.

-n:

    Número de colunas que devem aparecer.

-R:

    Listagem resumida.

Exemplos:

last

    Irá mostrar tudo, inclusive de todos os usuários.

166 | *Comandos Linux: Prático e didático*

last marco

Irá mostrar informações somente do usuário marco, conforme a próxima figura:

```
192.168.0.1 - PuTTY                                              _ □ ×
[root@server marco]# last marco
marco    pts/2        192.168.0.101      Wed Oct 19 15:29    still
logged in
marco    pts/11       192.168.0.101      Wed Oct 19 13:22 - crash
(02:02)
marco    pts/2        192.168.0.101      Wed Oct 19 11:25 - 12:56
(01:31)
marco    pts/2        192.168.0.101      Tue Oct 18 22:50 - 23:42
(00:52)
marco    pts/4        192.168.0.101      Tue Oct 18 14:51 - 22:23
(07:32)
marco    tty2                            Tue Oct 18 13:50 - crash
(00:23)
marco    pts/9        192.168.0.101      Tue Oct 18 13:48 - crash
(00:24)
marco    pts/2        192.168.0.101      Mon Oct 17 22:46 - 22:56
(00:10)
marco    pts/2        192.168.0.101      Mon Oct 17 16:48 - down
(00:17)
marco    pts/3        192.168.0.101      Mon Oct 17 16:42 - down
(00:02)
marco    pts/2        192.168.0.101      Mon Oct 17 16:40 - 16:41
(00:01)
marco    pts/2        192.168.0.101      Mon Oct 17 11:18 - down
(01:08)

wtmp begins Sat Oct 15 11:21:55 2005
[root@server marco]# █
```

Obs.:

Este histórico é baseado no arquivo /var/log/wtmp.

Caso queira apenas do tty1:

last tty1

Neste exemplo, será(ã) apresentado(s) apenas o(s) login(s) para o tty1, conforme a próxima figura:

Comandos Linux: Prático e didático | **167**

```
192.168.0.1 - PuTTY                                          _ |□| x
[root@server marco]# last tty1
root      tty1                    Tue Oct 18 22:33 - down
(01:14)
root      tty1                    Tue Oct 18 22:28 - down
(00:03)
root      tty1                    Tue Oct 18 22:25 - down
(00:00)
root      tty1                    Tue Oct 18 14:14 - down
(08:09)
root      tty1                    Tue Oct 18 11:56 - crash
(02:16)
root      tty1                    Sun Oct 16 12:47 - down
(00:24)
root      tty1                    Sun Oct 16 01:34 - down
(00:05)
root      tty1                    Sat Oct 15 17:50 - down
(00:40)
root      tty1                    Sat Oct 15 13:26 - down
(00:51)
root      tty1                    Sat Oct 15 12:16 - down
(01:07)
root      tty1                    Sat Oct 15 12:12 - down
(00:02)

wtmp begins Sat Oct 15 11:21:55 2005
[root@server marco]# 
```

last –R marco

Resumido do usuário marco, conforme a próxima figura:

```
192.168.0.1 - PuTTY                                          _ |□| x
[root@server marco]# last -R marco
marco     pts/2        Wed Oct 19 15:29   still logged in
marco     pts/11       Wed Oct 19 13:22 - crash  (02:02)
marco     pts/2        Wed Oct 19 11:25 - 12:56  (01:31)
marco     pts/2        Tue Oct 18 22:50 - 23:42  (00:52)
marco     pts/4        Tue Oct 18 14:51 - 22:23  (07:32)
marco     tty2         Tue Oct 18 13:50 - crash  (00:23)
marco     pts/9        Tue Oct 18 13:48 - crash  (00:24)
marco     pts/2        Mon Oct 17 22:46 - 22:56  (00:10)
marco     pts/2        Mon Oct 17 16:48 - down   (00:17)
marco     pts/3        Mon Oct 17 16:42 - down   (00:02)
marco     pts/2        Mon Oct 17 16:40 - 16:41  (00:01)
marco     pts/2        Mon Oct 17 11:18 - down   (01:08)

wtmp begins Sat Oct 15 11:21:55 2005
[root@server marco]# 
```

lastb

De "last bad". Mostra a última tentativa de login malsucedida. Por segurança, é interessante sempre estar analisando.

Exemplo:

lastb

Após executar este comando e aparecer algo conforme a próxima figura:

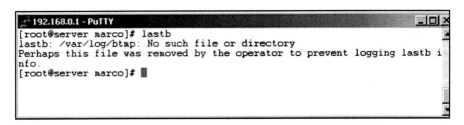

Verifique se o arquivo /var/log/btmp existe; caso contrário, crie e também verifique as permissões do mesmo.

lastlog

Mostra informações de logins.

Sintaxe: lastlog opção

Opções:

-u usuário:

Exibe informações do usuário especificado.

-t dias:

Exibe informações referentes aos últimos t dias. Esta opção anula a opção -u.

Comandos Linux: Prático e didático | 169

Exemplos:

lastlog -u marco

Mostra o dia e a hora em que o usuário marco se logou no sistema pela última vez, conforme a próxima figura:

```
192.168.0.1 - PuTTY
[root@server marco]# lastlog -u marco
Username          Port      From              Latest
marco             pts/2     192.168.0.101     Qui Out 20 22:57:31 -0200
2005
[root@server marco]#
```

lastlog -t 3

Mostra os usuários que se logaram no sistema nos últimos dois dias e informa o dia e a hora do último acesso de cada um deles, conforme a próxima figura:

```
192.168.0.1 - PuTTY
[root@server marco]# lastlog -t2
Username          Port      From              Latest
root              tty1                         Qui Out 20 22:47:10 -0200
2005
marco             pts/2     192.168.0.101     Qui Out 20 22:57:31 -0200
2005
desliga           tty1                         Qui Out 20 12:59:44 -0200
2005
[root@server marco]#
```

Caso nenhuma opção seja colocada, ou seja, somente o lastlog, serão exibidas todas as informações armazenadas no arquivo /var/log/lastlog de todos os usuários do sistema.

latex

Gera um arquivo, originalmente texto ASC II, para um com extensão .dvi e pode ser formatado para POSTSCRIPT com o aplicativo dvips.

Sintaxe: latex nome_do_arquivo

ldconfig

De "lib dinamic config". Atualiza os links (as associações) e o cache para o carregador de bibliotecas dinâmicas. É aconselhável rodar este comando ou reiniciar a máquina. Os arquivos são /etc/ld.so.cache e /etc/ld.so.config, ou também /etc/ld.so.conf.

Sintaxe: ldconfig

ldd

Mostra as dependências de biblioteca.

Sintaxe: ldd opção arquivo

Opções:

—help:

Mostra o help.

-d:

Mostra as ausências depois de reposicionamentos.

-r:

Mostra dados e funções ausentes depois de reposicionamentos.

less

Lista um arquivo texto, permitindo a rolagem (paginação).

Sintaxe: less opção arquivo

Comandos Linux: Prático e didático | 171

Exemplos:

less /var/log/messages

Lista o arquivo especificado. Neste caso, o /var/log/messages, conforme a próxima figura:

```
192.168.0.1 - PuTTY                                          _|□|x
Dec  8 21:13:43 firewall pppoe[2533]: read (asyncReadFromPPP): S
Dec  8 21:13:43 firewall pppoe[2533]: Sent PADT
Dec  8 21:13:43 firewall adsl-stop: Killing adsl-connect
Dec  8 21:13:44 firewall pppd[2532]: Connect time 0.2 minutes.
Dec  8 21:13:44 firewall pppd[2532]: Sent 891 bytes, received 12
Dec  8 21:13:44 firewall pppd[2532]: Exit.
Dec  8 21:44:45 firewall pppd[2632]: pppd 2.4.2b3 started by roo
Dec  8 21:44:45 firewall pppd[2632]: Using interface ppp0
Dec  8 21:44:45 firewall pppd[2632]: Connect: ppp0 <--> /dev/pts
Dec  8 21:44:45 firewall pppoe[2633]: PPP session is 22488
Dec  8 21:44:48 firewall pppd[2632]: PAP authentication succeede
Dec  8 21:44:48 firewall pppd[2632]: local  IP address 200.168.2
Dec  8 21:44:48 firewall pppd[2632]: remote IP address 200.206.1
Dec  8 21:44:48 firewall pppd[2632]: primary  DNS address 200.2
Dec  8 21:44:48 firewall pppd[2632]: secondary DNS address 200.2
Dec  8 21:45:55 firewall adsl-stop: Killing pppd
Dec  8 21:45:55 firewall pppd[2632]: Terminating on signal 15.
Dec  8 21:45:55 firewall pppd[2632]: Connection terminated.
/var/log/messages lines 831-848/857 99%
```

less -N /var/log/messages

Lista o arquivo especificado e inclui números de linha.

less –e /var/log/messages

Lista o arquivo especificado e, quando chegar ao final do mesmo, o comando é finalizado. Caso esta opção (-e) não seja usada, será necessário teclar o "q" para sair.

less –S /var/log/messages

Lista o arquivo especificado e corta as linhas mais largas, ou seja, as linhas largas não serão passadas para a linha seguinte.

172 | *Comandos Linux: Prático e didático*

lesskey

Sintaxe: lesskey -o arquivo_saída arquivo_entrada

Opções:

- arquivo_entrada é um arquivo texto com a descrição das teclas.

- arquivo_saída é o nome do arquivo binário gerado pelo lesskey e que será utilizado pelo comando less. Se o arquivo de saída já existir, ele será apagado e criado novamente. O nome padrão do arquivo de saída do comando lesskey é armazenado na variável de ambiente LESSKEY. Para ver o nome deste arquivo, basta digitar: printenv LESSKEY

Exemplo:

Criar um arquivo chamado teste que possui o seguinte conteúdo:

```
^l forw-screen
^s back-screen
j quit
```

Este arquivo define a tecla CTRL+l para avançar uma página, a tecla CTRL+s para voltar uma página e a tecla j para encerrar o aplicativo. É importante observar que as teclas padrão do aplicativo less que não são modificadas pelo comando lesskey podem ainda ser usadas dentro do paginador.

As teclas definidas no arquivo teste só poderão ser utilizadas no less após a execução do comando:

```
# lesskey teste
```

lha

Extrai o conteúdo de um arquivo, ou melhor, descompacta.

Exemplo:

lha e teste.lha

Extrai o conteúdo do arquivo teste.lha

licq

Um aplicativo gráfico. É um cliente de mensagens instantâneas, do tipo icq.

lilo

Instala este gerenciador de boot, o lilo.

Exemplo:

lilo −C arquivo

O arquivo default é o /etc/lilo.conf.

linux_logo

Um aplicativo que exibe os logotipos do Linux.

Sintaxe: linux_logo opção

Opções:

-ascii:

Logotipo monocromático.

174 | *Comandos Linux: Prático e didático*

-banner:

Um logotipo novo.

-classic:

Logotipo tradicional.

-f:

Limpa a tela antes de mostrar.

-g:

Mostra apenas as informações do sistema.

-l:

Mostra apenas o logotipo.

Exemplo:

linux_logo -f -ascii

Limpa a tela e exibe o logotipo monocromático do Linux.

linuxconf

Um aplicativo muito útil que faz vários tipos de configurações no Linux. É aconselhável , sempre sair e entrar novamente no linuxconf a cada modificação, para que sejam realmente efetuadas as alterações.

Comandos Linux: Prático e didático | **175**

Exemplo:

linuxconf

Será mostrada a tela principal do linuxconf.

listalias

Lista os alias, do sistema e de usuários.

Exemplo:

listalias

ln

Cria links entre arquivos, assim como entre arquivo e diretório. Para leigos, diria que um link seria o atalho no Windows.

Sintaxe: ln opção origem destino

Opções:

-b:

Faz cópia do arquivo que está sendo removido.

-s:

Links simbólicos.

-i:

Informa quando é necessário remover o arquivo de destino.

Primeiro vamos ver o que é link simbólico.

Vínculos simbólicos ou links simbólicos funcionam como os conhecidos "atalhos" no Windows; são apenas ponteiros para um arquivo num outro local.

Os links são arquivos independentes, com apenas alguns bytes de tamanho, que podem ser renomeados ou movidos sem afetar os programas originais, ou seja, os arquivos que eles apontam.

Links simbólicos podem ser identificados, usando o comando ls -F. Então, execute:

ls -F /bin

Deverá ser mostrado algo conforme a próxima figura:

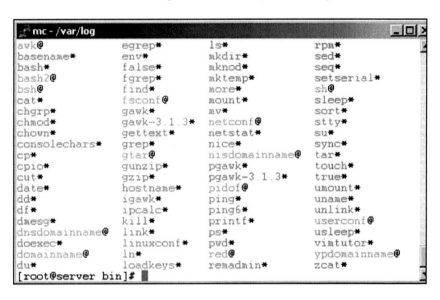

Conforme a figura anterior e verificando a lista de arquivos, podemos ver os nomes de arquivos de links simbólicos, que são seguidos por um símbolo @.

Por exemplo, **awk@** e **bash@** são vínculos simbólicos para arquivos em outros diretórios, e o * que acompanha outros nomes indica que são arquivos originais.

Vamos usar o comando a seguir, descrito para listar, de maneira completa, os arquivos começados com a letra n.

```
# ls -l /bin/n*
```

```
mc - /home                                                    _ □ x
[root@server home]# ls -l /bin/n*
lrwxrwxrwx   1 root root     14 2005-09-24 18:51 /bin/netconf -
> /bin/linuxconf
-rwxr-xr-x   1 root root  83532 2004-05-23 07:56 /bin/netstat
-rwxr-xr-x   1 root root  15224 2004-06-08 12:43 /bin/nice
lrwxrwxrwx   1 root root      8 2005-09-12 11:39 /bin/nisdomain
name -> hostname
[root@server home]# █
```

Como podemos perceber pela figura anterior, temos dois arquivos com links simbólicos, que são o netconf, apontando para o linuxconf, e o nisdomainname, apontando para o hostname. Agora, vamos aos exemplos.

Exemplos:

ln -s /bin/cp copia

> Estando num diretório, no nosso exemplo /home, criamos um link simbólico do comando cp com o copia. Digite ls -l para ver as atribuições do arquivo criado, conforme a próxima figura:

```
mc - /home                                                    _ □ x
[root@server home]# ls -l c*
lrwxrwxrwx   1 root root 7 2005-10-20 00:30 copia -> /bin/cp
[root@server home]# █
```

Agora vamos ver na prática, usando o arquivo criado, o copia. Primeiro, vamos criar um arquivo chamado novo1:

```
# touch novo1
```

Copiando o arquivo novo1 para novo2 usando o link criado:

```
# ./copia novo1 novo2
```

Com isso, o arquivo foi copiado. Veja a próxima figura, em que listamos o conteúdo do diretório. Ele contém, além de outros, o link criado anteriormente e os arquivos novo1 e novo2:

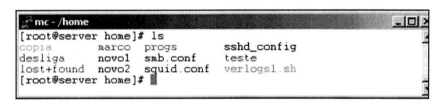

loadkeys

Carrega o keymap (mapa de teclas) de um arquivo especificado.

Opções:

-h:

　　Mostra o help.

-c:

　　Limpa a tabela.

-s:

　　Limpa a tabela de string do kernel.

-m:

Imprime um "defkeymap.c" na saída padrão.

-d:

Lê (carrega) o arquivo keymap padrão.

locate

Efetua pesquisa, baseando-se num banco de dados de nomes de arquivos, chamado de locatedb. Esta base de dados é criada e atualizada pelo root através do comando updatedb e é armazenada em /var/lib ou /var/lib/slocate/slocate.db.

Veja também: updatedb

Exemplo:

locate nome_do_arquivo

logger

Insere entradas no log do sistema.

Exemplos:

logger –f /var/log/messages

A opção –f seleciona o arquivo, que, neste caso, é o /var/log/ messages.

logger –i –f /var/log/messages

Neste exemplo, além do anterior, também será colocado o ID (-i) do processo.

180 | *Comandos Linux: Prático e didático*

Para entender e ver o funcionamento deste comando, execute, no terminal tty1:

```
# logger -f /var/log/messages
```

E, no terminal tty2, execute:

```
# tm
```

Com isso, no terminal tty2 será possível ver em tempo real as entradas no arquivo de log, ou seja, a execução do comando logger.

login

Faz o login do usuário. Também pode ser usado para alternar de um usuário para outro a qualquer momento. O login é o terceiro dos três programas (init, getty e login) usados pelo sistema para permitir o acesso dos usuários. Por segurança, é interessante desabilitar este comando.

Sintaxe: login opção nome

Opções:

nome:

O nome do usuário que será logado.

-p:

Usado por getty para dizer ao login para não destruir o ambiente.

-h host:

Usado por outros servidores para passar o nome para o servidor remoto. Esta opção só funciona com o root.

-f nome:

Usado para evitar uma segunda autenticação de acesso de usuários normais.

Exemplo:

login

Caso nenhuma opção seja inserida, o login solicita o nome do usuário, que é o caso deste exemplo.

logname

Mostra o nome do usuário.

Exemplo:

logname

Neste caso, será mostrado algo conforme a próxima figura:

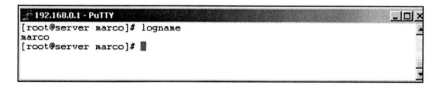

182 | *Comandos Linux: Prático e didático*

logout

Faz o logout do usuário.

Exemplo:

logout

logrotate

Roda os arquivos de log. Para ficar melhor entendido, veja o conteúdo do arquivo default, o /var/lib/logrotate.status, conforme a próxima figura:

```
mc - /var/lib                                                    _□×
[root@server marco]# more /var/lib/logrotate.status
logrotate state -- version 2
"/var/log/apt.log" 2003-8-11
"/var/log/cron" 2005-10-16
"/var/log/cups/access_log.0" 2005-9-12
"/var/log/cups/error_log.0" 2005-9-12
"/var/log/cups/page_log.0" 2005-9-12
"/var/log/messages" 2005-10-16
"/var/log/secure" 2005-10-16
"/var/log/maillog" 2005-10-16
"/var/log/spooler" 2005-10-16
"/var/log/boot.log" 2005-10-16
"/var/log/webmin/miniserv.error" 2005-9-12
"/var/log/webmin/miniserv.log" 2005-9-12
"/var/log/webmin/webmin.log" 2005-9-12
"/var/log/wtmp" 2005-10-15
"/var/log/htmlaccess.log" 2005-9-13
"/var/log/netconf.log" 2005-10-15
[root@server marco]#
```

look

Pesquisa no dicionário do sistema por palavras especificadas.

Sintaxe: look palavra

lpc

De "line printer control". Um aplicativo que verifica e faz controle de impressão. Caso a impressora não seja especificada nas opções (a seguir), a ação será executada para todas as impressoras do sistema. O comando pode ser usado para qualquer impressora configurada no arquivo /etc/printcap.

Sintaxe: lpc opção

Opções:

abort impressora:

Interrompe a impressão atual e desativa a impressora especificada.

clean impressora:

Remove todos os arquivos da fila da impressora especificada.

disable impressora:

Desabilita a fila de impressão.

enable impressora:

Habilita a fila de impressão.

restart impressora:

Reinicializa o daemon lpd.

start impressora:

Ativa a impressão da impressora especificada.

184 | *Comandos Linux: Prático e didático*

status impressora:

Verifica o status da impressora especificada.

stop impressora:

Pára a impressão após o término do serviço atual.

topq impressora num:

Insere o job (trabalho) de número "num" no topo da fila de impressão.

quit:

O lpc sem nenhuma opção faz com que o sistema entre no ambiente do lpc. Para sair, digite quit.

lpd

É o daemon de impressora de linha e normalmente é ativado durante a inicialização a partir do arquivo rc.

lpq

De "line printer queue". Mostra o conteúdo da fila de impressão. Se o nome da impressora não for fornecido, será usado o nome da impressora default (padrão).

Sintaxe: lpq [-P impressora]

Onde impressora é o nome da impressora no sistema.

Pode-se usar a opção user para verificar as tarefas de impressão de um usuário.

Se o comando é ativado sem nenhuma opção, mostrará quaisquer serviços atualmente na fila de impressão.

lpr

Imprime um arquivo.

Sintaxe: lpr [-P impressora] arquivo

Opções:

-P impressora:

O nome da impressora.

arquivo

O nome do arquivo a ser impresso.

-#number:

Número de cópias.

-h:

Não será impressa a página de cabeçalho.

Se o nome da impressora não for fornecido, será usada a impressora padrão do sistema. Se o arquivo não for fornecido, então a entrada padrão será enviada para o spool, ou seja, impresso.

186 | *Comandos Linux: Prático e didático*

lprm

Remove um ou mais trabalhos da fila de impressão.

Sintaxe: lprm opção

Opções:

-a:

Remove arquivos de todas as filas de impressão às quais o usuário têm acesso.

-P impressora:

Especifica o nome da impressora. Caso não seja fornecido, a impressora padrão é usada.

all:

Se esta opção for fornecida pelo root, todos os arquivos da fila de impressão serão apagados, mas, se for digitada por um usuário comum, apenas os arquivos do usuário o serão.

user:

Apaga todos os arquivos do usuário especificado, sendo que apenas o root pode fornecer esta opção.

Exemplos:

lprm -a all

Remove todos os arquivos de todas as filas de impressão.

lprm -Pimpteste 20 10

Remove os arquivos de números 20 e 10 da impressora impteste.

Comandos Linux: Prático e didático | 187

lprm

Remove tudo.

lprm - <usuario>

Remove apenas os arquivos do usuário.

ls

Lista arquivos e diretórios. Caso não seja especificado nada, será listado o diretório corrente.

Opções:

-a:

Lista todos os arquivos do diretório, inclusive os arquivos ocultos.

-c:

Lista pela hora de modificação.

-d:

Lista somente o nome de diretórios.

-i:

Lista o número do índice (inode) de cada arquivo.

188 | *Comandos Linux: Prático e didático*

-l:

Lista em formato longo, incluindo permissões, número de entidades (se for diretório, mostra a quantidade de subdiretórios existentes dentro dele; se for arquivo, mostra o número de referências que apontam para o arquivo), dono, grupo, tamanho do arquivo, data e hora da última atualização e o nome do arquivo.

-rn:

Listagem de arquivos e diretórios separados por vírgulas.

-o:

Listagem longa sem os donos dos arquivos.

-r:

Listagem em ordem reversa.

-F:

Adiciona um "/" no final dos nomes de diretórios, um "*" no final dos nomes de arquivos executáveis, um "@" no final dos nomes de links etc.

-R:

Lista diretórios e subdiretórios recursivamente.

-S:

Classifica os arquivos por tamanho, iniciando pelo maior.

-s:

Lista os arquivos, sendo por tamanho em quilobytes.

—color:

Usa as cores definidas no arquivo /etc/DIR_COLORS.

Exemplos:

ls ??a*

Lista tudo, onde as duas primeiras letras não importam, mas a terceira deve ser a.

ls *.c

Lista todos os arquivos de extensão .c

ls ?c

Lista tudo que tenha duas letras e a segunda seja c.

ls c*

Lista tudo cuja primeira letra seja c.

ls ??a

Lista tudo que tenha três letras e a terceira seja a.

ls lo*

Lista tudo que comece com lo.

ls [a-c]*

Lista tudo que comece com a, b ou c.

ls –la

Listagem completa, inclusive ocultos.

ls /home/marco

Lista todos os arquivos do subdiretório /marco que se encontram no diretório /home.

ls /etc /var

Lista todos os arquivos e subdiretórios dos diretórios /etc e /var.

ls -i

Lista o inode de cada arquivo e subdiretórios, conforme a próxima figura:

ls -r

Listagem em ordem reversa, conforme a próxima figura, primeiro somente a execução do "ls" e depois com a opção "-r", veja a diferença:

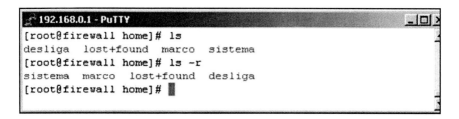

lsattr

Lista atributos de um arquivo/diretório. Caso seja especificado sem nenhuma opção, serão listados os atributos de todos os arquivos e subdiretórios do diretório atual.

Sintaxe: lsattr [opção] [arquivos/diretórios]

Opções:

-a:

Lista todos os arquivos, incluindo ocultos.

-d:

Lista os atributos de diretórios, em vez de listar os arquivos que ele contém.

-R:

Faz a listagem em diretórios e subdiretórios.

Comandos Linux: Prático e didático

-v:

Mostra versões dos arquivos.

Exemplos:

lsattr -a

Veja o resultado conforme a próxima figura:

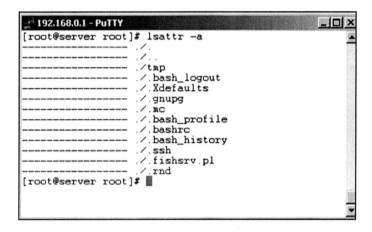

lsattr -v

Veja o resultado conforme a próxima figura:

lsdev

Mostra informações sobre o hardware.

Exemplo:

lsdev

lsmod

De "list modules", ou seja, lista módulos. Lista os módulos que estão carregados. Um módulo é como um driver de dispositivo, que provê suporte do kernel do sistema operacional para uma parte do hardware ou alguma característica.

Sintaxe: lsmod

Exemplo:

lsmod

Será mostrado algo conforme a próxima figura:

```
mc - /home                                                    _ □ ×
3c59x                 39848  0
ehci_hcd              28036  0
sis_agp                7552  1
agpgart               34088  2 sis_agp
quota_v2               9472  0
supermount            39316  2
snd_mixer_oss         19584  0
snd_intel8x0          34856  0
snd_ac97_codec        63492  1 snd_intel8x0
snd_pcm               94984  1 snd_intel8x0
snd_timer             24964  1 snd_pcm
snd_page_alloc        11396  2 snd_intel8x0,snd_pcm
gameport               4864  1 snd_intel8x0
snd_mpu401_uart        7680  1 snd_intel8x0
snd_rawmidi           24480  1 snd_mpu401_uart
snd_seq_device         8584  1 snd_rawmidi
snd                   54628  8 snd_mixer_oss,snd_intel8x0,snd_ac9
7_codec,snd_pcm,snd_timer,snd_mpu401_uart,snd_rawmidi,snd_seq_devi
ce
soundcore              9568  1 snd
tsdev                  7168  0
pcspkr                 3560  0
joydev                10176  0
evdev                  9728  0
psmouse               20232  0
rtc                   12216  0
ext3                 130472  2
mbcache                8580  2 ext2,ext3
jbd                   57240  1 ext3
[root@server home]# █
```

Conforme exibido na figura anterior, cada linha do exemplo mostra nome, tamanho, contador de uso e a lista dos módulos que referenciam o módulo em questão (dependem do módulo).

lsof

Lista os arquivos abertos.

Exemplos:

lsof

Será listado tudo.

lsof /dev/tty1

Serão listados os arquivos que estão em tty1, conforme a próxima figura:

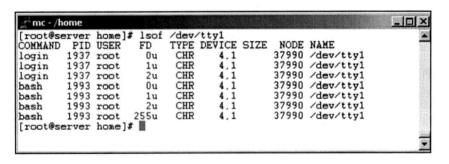

lsof –i

Lista somente arquivos de rede, conforme a próxima figura.

Comandos Linux: Prático e didático | 195

```
mc - /home                                              _□×
[root@server home]# lsof -i
COMMAND  PID   USER   FD    TYPE DEVICE SIZE NODE NAME
portmap 1442  bin    3u   IPv4  2584        UDP *:sunrpc
portmap 1442  bin    4u   IPv4  2594        TCP *:sunrpc (LISTEN)
sshd    1751  root   3u   IPv4  2990        TCP *:ssh (LISTEN)
cupsd   1780  root   0u   IPv4  3069        TCP *:cups (LISTEN)
cupsd   1780  root   2u   IPv4  3070        UDP *:cups
squid   1869  proxy  4u   IPv4  3250        UDP *:32768
squid   1869  proxy  11u  IPv4  3256        TCP *:3128 (LISTEN)
squid   1869  proxy  12u  IPv4  3257        UDP *:icpv2
squid   1869  proxy  13u  IPv4  3258        UDP *:4827
squid   1869  proxy  14u  IPv4  3259        UDP *:3401
squid   1869  proxy  16u  IPv4  3261        UDP localhost.localdom
ain:32770->localhost.localdomain:32769
sshd    2036  root   4u   IPv4  3501        TCP server.rede:ssh->1
92.168.0.101:ansoft-lm-2 (ESTABLISHED)
sshd    2038  marco  4u   IPv4  3501        TCP server.rede:ssh->1
92.168.0.101:ansoft-lm-2 (ESTABLISHED)
[root@server home]# ▊
```

Considero este exemplo muito útil para uma auditoria de segurança.

lspci

Lista os periféricos. Veja o arquivo /etc/sysconfig/hwconf.

Exemplo:

lspci

Será listado algo conforme a próxima figura:

196 | *Comandos Linux: Prático e didático*

```
mc - /home                                                        _ | □ | x |
[root@server home]# lspci
0000:00:00.0 Host bridge: Silicon Integrated Systems [SiS] 735 Hos
t (rev 01)
0000:00:01.0 PCI bridge: Silicon Integrated Systems [SiS] 5591/559
2 AGP
0000:00:02.0 ISA bridge: Silicon Integrated Systems [SiS] SiS85C50
3/5513 (LPC Bridge)
0000:00:02.1 SMBus: Silicon Integrated Systems [SiS]: Unknown devi
ce 0016
0000:00:02.2 USB Controller: Silicon Integrated Systems [SiS] 7001
 (rev 07)
0000:00:02.3 USB Controller: Silicon Integrated Systems [SiS] 7001
 (rev 07)
0000:00:02.5 IDE interface: Silicon Integrated Systems [SiS] 5513
[IDE] (rev d0)
0000:00:02.7 Multimedia audio controller: Silicon Integrated Syste
ms [SiS] SiS7012 PCI Audio Accelerator (rev a0)
0000:00:03.0 Ethernet controller: Silicon Integrated Systems [SiS]
 SiS900 10/100 Ethernet (rev 90)
0000:00:0f.0 Ethernet controller: 3Com Corporation 3c905 100BaseTX
 [Boomerang]
0000:00:13.0 USB Controller: VIA Technologies, Inc. USB (rev 50)
0000:00:13.1 USB Controller: VIA Technologies, Inc. USB (rev 50)
0000:00:13.2 USB Controller: VIA Technologies, Inc. USB 2.0 (rev 5
1)
0000:01:00.0 VGA compatible controller: nVidia Corporation RIVA TN
T2 Model 64 (rev 15)
[root@server home]#
```

lynx

Visualiza um arquivo html ou navega pela rede em modo texto. Embora o lynx possa ser conveniente, ele não é tão bom quanto um browser gráfico Ele é leve, quase sempre funciona e não requer nenhuma configuração desde que a rede esteja funcionando.

Sintaxe: lunx arquivo ou site

Exemplos:

lynx www.lcm.com.br

Acessa o site da Ciência Moderna.

lynx file.html

Visualiza um arquivo .html.

CAPÍTULO

m
Abre o MINICOM e permite configurar o modem.

mail
Uma ferramenta básica que envia e recebe e-mail. Muito útil quando usada em scripts.

mailq
Lista o conteúdo da fila de saída dos e-mails.

mailto
Envia e-mail para um ou mais destinatários.

make
A finalidade do utilitário make é verificar quais arquivos precisam ser recompilados, para que se possa, então, digitar os comandos necessários para recompilá-los.

Sintaxe: make opção alvo...

198 | *Comandos Linux: Prático e didático*

Opções:

-f arquivo:

Usa o arquivo especificado como makefile.

-e:

Variáveis de ambiente possuem precedência sobre variáveis do arquivo makefile.

Ao se executar o make sem a opção -f, ele faz uma busca no diretório atual, mas segue a seqüência GNUmakefile, makefile e depois Makefile. O comando executa apenas o primeiro arquivo encontrado.

O comando make usa o conceito de alvo (conjunto de instruções) para definir os comandos a serem executados.

makedev

Makedev é um script usado para fazer manutenção em dispositivos. Entenda manutenção como sendo criação, alteração ou deletação. O makedev se encontra no diretório /dev. Perceba que ele é um script, e seu nome está em maiúsculas, conforme mostra a próxima figura:

```
mc - /dev                                                    _ □ x
[root@firewall dev]# ls -la M*
-rwxr-xr-x  1 root root 26724 2004-06-04 20:17 MAKEDEV
[root@firewall dev]# █
```

Sintaxe: MAKEDEV opção dispositivo

Opções:

-d:

Remove o dispositivo.

Exemplos:

```
#./MAKEDEV  dispositivo
```

```
# cd /dev
# ./MAKEDEV audio
```

Restaura o dispositivo "audio".

makewhatis

Este comando cria a base de dados whatis com informações sobre os comandos do sistema.

Veja também: apropos e whatis

man

Apresenta o manual de um comando especificado.

Sintaxe: man nome-do-comando

Exemplos:

```
# man sed
```

```
# man clear
```

Comandos Linux: *Prático e didático*

Caso queira copiar o conteúdo do manual (man) de algum comando para um arquivo, ou seja, criar um arquivo com o conteúdo do manual, faça assim:, man comando > arquivo, como, por exemplo:

```
# man ls > arquivo_manual_do_ls.txt
```

mattrib

Altera os atributos de um arquivo MS-DOS.

Exemplos:

mattrib +r nome_arquivo

Define somente leitura para o arquivo especificado.

mattrib –r nome_arquivo

Retira o atributo de somente leitura para o arquivo especificado. Outras opções: +a, -a, +h, -h, +s e –s.

mbadblocks

Testa se existe bad block num disquete.

mc

O Midnight Commanderé um navegador para o terminal; não para Internet, mas para diretórios, assim como para apagar arquvios, mover arquivos etc. O mc também é um editor de textos. Resumindo, é um aplicativo para manipulação de arquivos e diretórios. Para instalar, digite:

```
# apt-get install mc
```

Ou obtenha o pacote mais atual na Internet.

Exemplos:

mc

Abre o navegador, conforme a próxima figura:

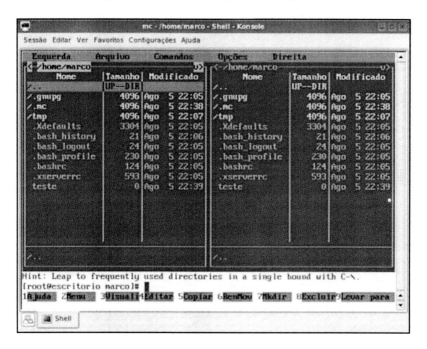

mcedit nome-do-arquivo

Abre um arquivo.

mcd

Muda o diretório num sistema MS-DOS.

Exemplo:

mcd a:/testes

Faz com que o sistema passe a trabalhar com o diretório testes do disquete.

202 | *Comandos Linux: Prático e didático*

mcopy

Copia arquivos ou diretórios entre o Linux e o MS-DOS.

Sintaxe: mcopy opção arquivo_origem arquivo_destino

Opções:

/:

Copia também os subdiretórios e os seus conteúdos.

-m:

Preserva a data de modificação do arquivo.

-n:

Não solicita confirmação ao regravar arquivos do sistema Linux.

-o:

Não solicita confirmação ao regravar arquivos do sistema MS-DOS.

-p:

Preserva os atributos dos arquivos copiados.

Exemplo:

mcopy -o * a:/.

Copia todos os arquivos do diretório corrente para o disquete que possui formato MS-DOS.

md5sum

Calcula checksums.

mdel

Apaga arquivos MS-DOS, num disquete.

Sintaxe: mdel opção arquivo_do_DOS

Opção:

-v:

Faz com que o sistema exiba os nomes dos arquivos apagados.

Exemplo:

mdel a:/teste12.txt

Apaga o arquivo teste12.txt no disquete que possui formato MS-DOS.

mdeltree

Apaga um ou mais diretórios MS-DOS.

mdir

Lista um diretório de um sistema MS-DOS.

Sintaxe: mdir opção diretório

Opções:

/:

Exibe também os subdiretórios e os seus conteúdos.

-a:

Exibe também os arquivos ocultos.

-f:

Não exibe espaço livre do sistema MS-DOS.

-w:

Exibe apenas os nomes dos arquivos (sem tamanhos e sem datas de criação).

Exemplo:

mdir a:

Exibe o conteúdo de um disquete que possui formato MS-DOS.

mesg

Permite ou não o recebimento de mensagens no terminal, usando os comandos write e talk.

Sintaxe: mesg y ou n

Sendo que y permite o recebimento de mensagens e o n não permite.

Para saber a situação, se sim ou não, digite apenas o mesg, conforme a próxima figura:

Comandos Linux: Prático e didático | 205

Neste caso, está habilitado para receber.

Para desabilitar:

```
# mesg n
```

Conforma mostra a próxima figura:

```
192.168.0.1 - PuTTY
[root@firewall log]# mesg n
[root@firewall log]#
```

Verificando novamente, será mostrado:

```
192.168.0.1 - PuTTY
[root@firewall log]# mesg
is n
[root@firewall log]#
```

Agora está desabilitado.

messages

Lista uma contagem de mensagens na caixa de entrada do usuário.

Sintaxe: messages caixa_mensagem

mformat

Formata (formatação rápida) um disquete MS-DOS.

Sintaxe: mformat drive:

Exemplo:

\# mformat a:

Formata o disquete do drive a:.

mingetty

Mingetty é um getty mínimo para consoles virtuais, ou melhor, é um getty de funcionalidade reduzida.

Sintaxe: mingetty opção tty

Opções:

—noclear:

Por default, limpa a tela antes de solicitar o usuário para acesso e, com essa opção, não limpa a tela.

—long-hostname:

Mostra o nome completo da máquina.

O mingetty reconhece as opções a seguir, que são usadas nos arquivos /etc/issue e no /etc/issue.net:

\d:

Mostra a data atual.

\t:

Mostra a hora local.

Comandos Linux: Prático e didático | 207

\s:

Mostra o nome do sistema.

\l:

Mostra o nome do terminal atual.

\m:

Mostra a arquitetura da máquina.

\n:

Mostra o nome de máquina.

\o:

Mostra o nome do domínio.

\r:

Mostra a versão do sistema.

\u:

Mostra o número de usuários que estão utilizando o sistema no momento.

\v:

Mostra a data de compilação do sistema operacional.

Use as opções anteriores conforme sua necessidade para personalizar.

minicom

Emulação de terminal em porta serial.

mkbootdisk

Cria um disco de inicialização (emergência) do sistema.

Veja também: uname

Sintaxe: mkbootdisk opção kernel

Opção:

—device dispositivo:

Nome do dispositivo onde a imagem do sistema será criada (o padrão é /dev/fd0).

kernel:

É a versão do kernel a ser incluída no disco.

Exemplo:

mkbootdisk —device /dev/fd0 2.6.5-63077cl

Cria um disco com versão acima descrita.

mkdir

De "make directory". Cria diretórios.

Exemplos:

```
# mkdir teste
```

Comandos Linux: Prático e didático | **209**

Neste exemplo, foi criado o diretório teste.

Para criar uma árvore completa de diretórios, utilize com a flag "-p".

```
# mkdir -p /home/func/marco/docs/oficio/enviado/2005
```

Neste exemplo, criamos todos os diretórios, desde o 2005 até o func, pois o home já existia.

mkdosfs

Formata um sistema MS-DOS num dispositivo especificado.

Sintaxe: mkdosfs opção device

Opções:

device:

O device a ser formatado.

-n nome:

Define o nome do rótulo.

-c:

Verifica se existem bad blocks.

mke2fs

Formata um segundo sistema estendido do Linux, usando o tipo ext2.

Exemplos:

210 | *Comandos Linux: Prático e didático*

\# mke2fs /dev/hda1

Formata o dispositivo /dev/hda1.

\# mke2fs /dev/fd0

Formata um disquete. Formatação de alto nível, diferente do comando fdformat, que é de baixo nível.

mkefs

Cria um sistema de arquivos estendido. Esse comando não formata o novo sistema de arquivos, apenas deixa-o disponível para uso.

mkfs

Cria um sistema de arquivos no Linux, geralmente uma partição de disco rígido, semelhante à formatação de um HD no DOS.

Sintaxe: mkfs opção device blocos

Opções:

device:

Arquivo do dispositivo a ser formatado.

-c:

Verifica se existem bad blocks.

blocos:

A quantidade de blocos a ser utilizada pelo sistema de arquivos.

Comandos Linux: Prático e didático | 211

-t tipo:

Especifica o tipo de sistema de arquivos a ser criado.

Exemplo:

mkfs -t ext2 /dev/fd0 1440

Configura o disquete para o sistema de arquivos ext2. É aconselhável primeiro fazer uma formatação de baixo nível (fdformat) e depois usar o mkfs.

mkpasswd

O mkpasswd, quando executado sem nenhuma opção, retorna uma senha randômica que pode ser aplicada a um usuário.

Sintaxe: mkpasswd

ou

mkpasswd opção usuário

Opções:

-2:

A senha criada terá caracteres entre a mão direita e a esquerda quando usar o teclado.

-c:

Quantidade mínima de letras minúsculas.

-C:

Quantidade mínima de letras maiúsculas.

-d:

Especifica o tamanho mínimo de dígitos.

-l:

Especifica o tamanho de caracteres.

Caso apareça uma mensagem parecida com essa:

```
mkpasswd: no DBM database on System - no action performed
```

Tente executar o comando no diretório /usr/bin/, e não do /usr/sbin/, que é o default, assim:

```
# /usr/bin/mkpasswd
```

Exemplos:

```
# mkpasswd -2
```

```
[root@server marco]# mkpasswd -2
$yekD8bL1
[root@server marco]#
```

```
# mkpasswd -l 20
```

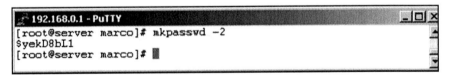

mkswap

Define (configura) uma área de troca do Linux num dispositivo. O dispositivo geralmente tem a seguinte forma:

```
/dev/hda[1-8]
/dev/hdb[1-8]
/dev/das[1-8]
/dev/sdb[1-8]
```

Também é possível criar arquivos de troca em vez de partições de troca.

mlabel

Mostra e altera o rótulo de um sistema MS-DOS.

Sintaxe: mlabel opção drive:nome

Opções:

nome:

O nome do rótulo.

-s:

Mostra o rótulo corrente.

-c:

Limpa o rótulo corrente.

mmd

Cria um subdiretório num sistema de arquivo MS-DOS.

Sintaxe: mmd diretório_DOS

Exemplo:

mmd docs

Cria o diretório docs no disquete MS-DOS.

mmove

Move arquivos e diretórios MS-DOS. Este comando também renomeia.

modprobe

Carrega módulos e verifica as dependências dos módulos. Os módulos disponíveis são determinados pela maneira como o seu Linux foi compilado. Os módulos que seu kernel suporta (com os quais ele foi compilado) são todos os arquivos que estão no diretório /lib/modules, incluindo os subdiretórios.

O modprobe lê o arquivo de dependências de módulos gerado pelo comando depmod; por isso, deve-se executá-lo (o depmod) para produzir um novo arquivo contendo as dependências de módulo. Após executá-lo, pode-se usar o modprobe para instalar qualquer módulo e ter os outros módulos dos quais ele depende automaticamente instalados.

Veja também: módulos

Opções:

-l:

(list)

Comandos Linux: Prático e didático | **215**

-c:

(configuration)

-t:

(type)

-r:

(remove)

Exemplos:

modprobe –c

Lista informações de configuração.

modprobe –l

Lista todos os módulos.

modprobe module.o

Testa o módulo.

modprobe ne io=0x320 irq=5

Carrega o módulo de rede com as configurações especificadas.

modprobe apm

Carrega o módulo APM. É interessante colocar esta linha na inicialização do sistema.

216 | *Comandos Linux: Prático e didático*

Dica:

Numa instalação "crua" do Linux, usada principalmente para servidores, e caso a máquina possua fonte ATX, instale o pacote APM e carregue o módulo APM, se possível na inicialização do Linux.

módulos

Peças de código de objeto que podem ser carregadas em um kernel em operação.

Os módulos permitem adicionar drivers de dispositivos ao sistema em operação em tempo real. Isto significa que o sistema pode inicializar um kernel qualquer do Linux e então adicionar os drivers necessários para o uso do hardware que faz parte do sistema. O hardware é imediatamente disponibilizado, sem a necessidade de reinicialização do sistema.

Veja também os comandos relacionados com módulos:

- lsmod
- demod
- insmod
- modprobe
- rmmod

more

Exibe um arquivo página a página (paginação). Depois de acionado o more, as teclas de controle, ou navegação, são:

- q para sair,
- \<Ctrl\> \<F\> para avançar,

Comandos Linux: Prático e didático | 217

- <Ctrl> <B> para voltar,
- <Enter> para avançar apenas uma linha.

Opções:

-d:

Mostra um menu no final da tela.

+num:

Mostra o arquivo a partir da linha num.

Exemplos:

more +5 /var/log/messages

Lista o arquivo especificado a partir da linha 5.

more /var/log/boot.log

Lista o arquivo:

more /proc/cpuinfo

Lista o arquivo especificado, que, neste exemplo, são informações do processador, conforme a próxima figura:

```
192.168.0.1 - PuTTY                                                    _|□|×
[root@server marco]# more /proc/cpuinfo
processor       : 0
vendor_id       : AuthenticAMD
cpu family      : 6
model           : 6
model name      : AMD Athlon(tm) XP 1700+
stepping        : 2
cpu MHz         : 1460.714
cache size      : 256 KB
fdiv_bug        : no
hlt_bug         : no
f00f_bug        : no
coma_bug        : no
fpu             : yes
fpu_exception   : yes
cpuid level     : 1
wp              : yes
flags           : fpu vme de pse tsc msr pae mce cx8 apic sep mtrr pge
 mca cmov pat pse36 mmx fxsr sse syscall mp mmxext 3dnowext 3dnow
bogomips        : 2891.77

[root@server marco]# █
```

more /proc/meminfo

Lista o arquivo especificado, que, neste exemplo, são informações sobre a memória.

Podemos também utilizar comandos juntamente (o pipe |) com o more, para que seja feito o redirecionamento do comando. Por exemplo:

ls | more

mount

No Linux, o diretório raiz é representado como /, e a partir daí está organizado o restante, como uma árvore. O comando mount é usado para incluir o sistema de arquivos, de um dispositivo qualquer, nesta árvore de arquivos, ou seja, para montar um sistema de arquivo.

Veja também: umount

Comandos Linux: *Prático e didático* | **219**

Opções:

-a:

Monta todos os sistemas de arquivos especificados no arquivo /etc/fstab.

-r:

Monta a partição em modo read-only (somente leitura).

-t tipo:

Especifica o tipo de sistema de arquivo que será montado. Obs.: Os tipos de sistemas estão relacionados no item "Arquivos", no arquivo /etc/fstab.

-v:

Lista o sistema de arquivo de cada dispositivo montado.

-w:

Monta a partição para read/write (leitura/gravação), que é o padrão.

Dicas:

O arquivo /etc/mtab possui a lista de todos os sistemas de arquivos atualmente montados no Linux.

O comando mount, sem nenhuma opção, faz o sistema listar o conteúdo do arquivo /etc/mtab.

Comandos Linux: Prático e didático

Exemplos:

mkdir /win98

mount -f vfat /dev/hdc1 /win98

Crio o diretório win98 e depois faço a montagem.

mount -t auto /dev/fd0 /mnt/floppy

Monta o drive de disquete, sendo que o diretório /mnt/floppy deve existir, estar vazio e não ser seu diretório corrente.

mount -t auto /dev/cdrom /mnt/cdrom

Monta o CD-ROM. Assim como no anterior, o diretório /mnt/cdrom deve existir, estar vazio e não ser seu diretório corrente.

mount /mnt/floppy

Monta um disquete como usuário. O arquivo /etc/fstab precisa ser configurado para permitir isto. O diretório /mnt/floppy não deve ser seu diretório corrente.

mount /mnt/cdrom

Monta um CD como usuário. O arquivo /etc/fstab precisa estar configurado para permitir isto. O diretório /mnt/cdrom não deve ser seu diretório corrente.

mouseconfig

Um aplicativo, ou melhor, uma ferramenta simples para configurar o mouse.

Comandos Linux: Prático e didático | 221

O link simbólico /dev/mouse aponta para o dispositivo utilizado pelo sistema para configurar o mouse. Para ver qual a configuração atual no seu sistema, digite:

```
# ls -l /dev/mous*
```

Será mostrado algo conforme a figura:

```
[root@server dev]# ls -l mous*
lrwxrwxrwx  1 root root 10 2005-09-12 11:47 mouse -> input/mice
[root@server dev]#
```

```
# mouseconfig
```

Será mostrado algo conforme a próxima figura:

```
# mouseconfig --help
```

Mostra, além do help, a lista dos mouses suportados pelo sistema.

222 | *Comandos Linux: Prático e didático*

mpage

O mpage é um utilitário interessante e pouco explorado no Linux. Com ele, é possível criar um gerenciador de impressão, ou seja, juntar várias páginas de um texto numa página postscipt. Ele captura uma entrada em texto ou postscript e gera um outro postscript com duas, quatro ou oito páginas, agrupadas na mesma página.

Vamos a dois exemplos, criando scripts para poder gerar o arquivo contendo as páginas definidas.

Primeiramente, vamos criar o script já no diretório /usr/bin; então, digite:

```
# touch /usr/bin/pager2.sh
```

Agora abra o arquivo:

```
# touch /usr/bin/pager2.sh
```

E inclua como conteúdo:

```
#!/bin/bash
mpage -2 -b A4 -a $1 > /home/teste1.ps
```

Opções utilizadas:

-2:

Cria duas páginas por folha.

-b A4:

Tamanho da página.

-a $1:

O arquivo que está recebendo.

>/home/teste1.ps:

O arquivo que será gerado.

Dê permissão de execução ao script criado:

chmod +x /usr/bin/pager2.sh

Como teste, digamos que temos um arquivo em /home/texto e vamos usá-lo.; então, digite:

pager2.sh /home/texto

Conforme conteúdo do nosso script, foi gerado um arquivo chamado teste1.ps no diretório /home; então, vamos visualizá-lo:

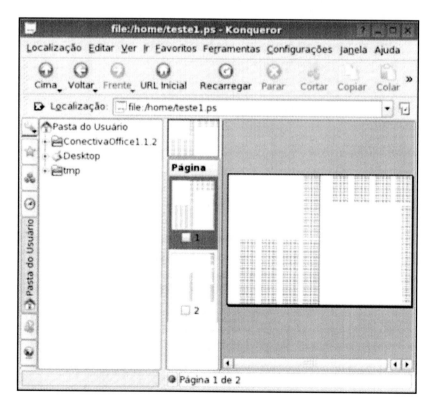

Como podemos ver na figura anterior, o arquivo foi dividido em duas páginas por folha.

Para mostrar 4 ou 8 páginas por folha é só alterar "-2" para "-4" ou "-8", mas, quando fizer isso, salve o script com outro nome para melhor usá-lo. Por exemplo, se alterar para 8 páginas, salve o script com o nome pager8.sh; assim, é só chamar o arquivo e você já saberá quantas páginas serão criadas.

mpg123

Toca uma música gravada num arquivo tipo mp3.

Exemplo:

mpg123 arquivo.mp3

mrd

Remove um subdiretório MS-DOS.

Sintaxe: mrd diretório_MS-DOS

Exemplo:

mrd cartas

Remove o diretório cartas no disquete MS-DOS.

mren

Renomeia arquivos (e subdiretórios) MS-DOS.

Sintaxe: mren nome_antigo nome_novo

Exemplo:

mren alunos.txt lista_alunos.txt

Renomeia o arquivo alunos.txt para lista_alunos.txt.

mt

Controla unidades de fita.

Sintaxe: mt opção

Opções:

-f fita:

Especifica o dispositivo de fita.

-h:

Exibe lista de comandos disponíveis.

Veja também: erase e rewind (comandos em conjunto).

mtools

Utilitários para acessar discos DOS a partir do Linux que permite o uso de ferramentas (comandos) do DOS. Após digitar o comando, você verá que todo comando do DOS terá uma letra "m" na frente.

Os comandos:

- mcd
- mcopy
- mdel
- mdir
- mformat
- mmd
- mrd
- mren

mtr

Um ferramenta que combina os comandos, ou melhor, a funcionalidade dos comandos ping e traceroute.

Sintaxe: mtr host

mtype

Lista o conteúdo de um arquivo MS-DOS.

Sintaxe: mtype arquivo

mutt

Um leitor básico de e-mails.

mv

Move ou renomeia arquivos.

Sintaxe:

mv arquivo_origem arquivo_destino

ou

mv arquivo_antigo arquivo_novo

Opções:

-b:

Faz back-up se o arquivo de destino já existir.

-f:

Caso o arquivo de destino já exista, o mesmo será sobrescrito, sem pedir confirmação.

-i:

Caso o arquivo de destino já exista, será solicitada uma confirmação.

-u:

Atualiza se o arquivo for mais antigo.

Exemplos:

mv carta1 carta2

Renomeia o arquivo carta1 para carta2.

mv carta1 /home/marco/

Move o arquivo carta1 do diretório local para o diretório /home/marco.

mv carta* /home/marco/

Move todos os arquivos que começam com carta do diretório local para o diretório /home/marco.

CAPÍTULO

ncftp

Um aplicativo para ftp que tem algumas características extras emm relação ao comando ftp.

nice

Altera a prioridade de um programa que está rodando, ou melhor, um processo. Esta prioridade é alterada em números, que vão de –20 a 19. Quanto menor o número, maior a prioridade. Este número, ou melhor, a prioridade default dos processos, é 0.

Sintaxe: nice comando

Exemplos:

nice -7 comando

O "comando" será executado com prioridade 7.

nice —5 comando

O "comando" será executado com prioridade -5.

230 | *Comandos Linux: Prático e didático*

Dicas:

Use o comando top para mostrar as prioridades dos processos em execução.

Quando o valor de ajuste da prioridade não é definido junto com o comando nice, o sistema assume o valor de ajuste igual a 10.

Para alterar a prioridade de um processo que está em execução, use o comando renice.

netconf

Uma conhecida ferramenta, com menus, utilizada para configuração da rede.

netconfig

Para alteração da rede (IP, máscara etc.).

Exemplo:

netconfig

netstat

Apresenta status da rede.

Exemplo:

netstat

Será mostrado conforme a figura:

Comandos Linux: Prático e didático | **231**

```
192.168.0.1 - PuTTY                                          _ □ x
[root@firewall marco]# netstat
Conexões Internet Ativas (sem os servidores)
Proto Recv-Q Send-Q Endereço Local           Endereço Remoto
  Estado
tcp        0    132 firewall.rede:ssh        192.168.0.98:1037
  ESTABELECIDA
Domain sockets UNIX ativos (sem os servidores)
Proto CntRef Flags       Tipo       Estado        I-Node Rota Cami
nho
unix  7       [ ]        DGRAM                     2188    /dev/log
unix  3       [ ]        STREAM     CONECTADO      11158
unix  3       [ ]        STREAM     CONECTADO      11157
unix  2       [ ]        DGRAM                     3647
unix  2       [ ]        DGRAM                     3590
unix  2       [ ]        DGRAM                     2873
unix  2       [ ]        DGRAM                     2834
unix  2       [ ]        DGRAM                     2203
[root@firewall marco]# cl
```

netstat –c

Apresenta uma listagem contínua.

netstat –i

Apresenta uma listagem das interfaces, conforme a próxima figura:

```
192.168.0.1 - PuTTY                                          _ □ x
[root@firewall marco]# netstat -i
Tabela de Interfaces do Kernel
Iface   MTU Met   RX-OK RX-ERR RX-DRP RX-OVR   TX-OK TX-ERR TX-DRP
  TX-OVR Flg
eth0   1500  0    43994      0      0      0   67364      0      0
       0 BMRU
eth1   1500  0    70344      0      0      0   58020      0      0
       0 BMRU
lo    16436  0        6      0      0      0       6      0      0
       0 LRU
ppp0   1492  0    66371      0      0      0   54575      0      0
       0 MOPRU
[root@firewall marco]#
```

netstat –r

Apresenta uma listagem da tabela de roteamento.

232 | *Comandos Linux: Prático e didático*

\# netstat –s

Apresenta uma listagem das estatísticas da rede.

newgrp

Altera a identificação de grupo (GID) do usuário. Quando este comando é usado, é pedida a senha do grupo que se deseja acessar. Para executar um comando com outra identificação de grupo de usuário, use o comando sg.

Sintaxe: newgrp *grupo*

nl

Visualiza conteúdo de arquivos com numeração de linhas.

Sintaxe: nl *opção arquivo*

Exemplos:

\# nl teste2

Lista o conteúdo do arquivo teste2, numerando as linhas, inclusive com espaços em branco, conforme mostra a próxima figura:

```
192.168.0.1 - PuTTY                                    _ ☐ ×
[root@firewall home]# nl teste2
     1  linha1
     2  linha2
     3  linha3
     4  linha4
     5  linha5
     6
     7  linha7
     8  linha8
     9  linha9
[root@firewall home]#
```

nl –i 10 teste2

Lista o conteúdo do arquivo teste2, numerando as linhas com contador 10 (opção –i), ou melhor, incrementando de 10 em 10, inclusive com espaçoss em branco, conforme mostra a próxima figura:

```
192.168.0.1 - PuTTY
[root@firewall home]# nl -i 10 teste2
    1   linha1
   11   linha2
   21   linha3
   31   linha4
   41   linha5
   51
   61   linha7
   71   linha8
   81   linha9
[root@firewall home]#
```

nl –v 10 teste2

Lista o conteúdo do arquivo teste2, numerando as linhas e iniciando a partir do 10 (opção –v), e não da linha 10, inclusive com espações em branco, conforme mostra a próxima figura:

```
192.168.0.1 - PuTTY
[root@firewall home]# nl -v 10 teste2
   10   linha1
   11   linha2
   12   linha3
   13   linha4
   14   linha5
   15
   16   linha7
   17   linha8
   18   linha9
[root@firewall home]#
```

234 | *Comandos Linux: Prático e didático*

nl -i 10 -v 100 teste2

Lista o conteúdo do arquivo teste2, numerando as linhas e iniciando a partir do 100 (opção –v), e não da linha 100, com incremento de 10 (opção –i), inclusive com espaços em branco, conforme mostra a próxima figura:

```
192.168.0.1 - PuTTY                                    _|□|×
[root@firewall home]# nl -i 10 -v 100 teste2
    100  linha1
    110  linha2
    120  linha3
    130  linha4
    140  linha5
    150
    160  linha7
    170  linha8
    180  linha9
[root@firewall home]#
```

nmap

De "Network Mapper". O NMAP é uma ferramenta para exploração de rede e segurança. Mostra a relação de máquinas de uma rede e suas portas (serviços) abertas.

É uma ótima ferramenta para administradores, para descobrir portas abertas em seu sistema e possivelmente acusar alguma vulnerabilidade no mesmo. Além dos administradores, os hackers também o utilizam muito. O site do nmap é http://www.insecure.org/nmap/, inclusive para download. Para instalação, em apt-get pelos CDs de instalação ou pelo RPM é muito simples, por exemplo, caso tenha baixado em RPM, digite:

```
# rpm -ivh nmap-3.95-1.i386.rpm
```

As opções serão mostradas juntamente com os exemplos:

```
# nmap -sP 192.168.0.98
```

Ping scan. Verifica, além de outros itens (MAC, tempo de escaneamento etc.), se o host está no ar, conforme a próxima figura:

```
192.168.0.1 - PuTTY                                          _ □ x
[root@firewall marco]# nmap -sP 192.168.0.98

Starting Nmap 3.95 ( http://www.insecure.org/nmap/ ) at 2005-12-13
17:23 BRST
Host 192.168.0.98 appears to be up.
MAC Address: 00:13:D4:15:5E:51 (Asustek Computer)
Nmap finished: 1 IP address (1 host up) scanned in 0.967 seconds
[root@firewall marco]#
```

```
# nmap -sR 192.168.0.98
```

RCP scan. Verifica portas TCP e UDP, conforme as próximas figuras:

```
mc - /home/livro/progs                                       _ □ x
[root@server progs]# nmap -sR 192.168.0.98

Starting nmap 3.50 ( http://www.insecure.org/nmap/ ) at 2005
-08-13 16:20 BRT
Interesting ports on 192.168.0.98:
(The 1657 ports scanned but not shown below are in state: cl
osed)
PORT     STATE SERVICE               VERSION
111/tcp open  rpcbind (rpcbind V2) 2 (rpc #100000)
631/tcp open  ipp

Nmap run completed -- 1 IP address (1 host up) scanned in 2.
286 seconds
[root@server progs]#
```

Neste exemplo, a máquina de IP 192.168.0.98 não tinha um firewall. Agora vamos ver o exemplo na máquina de IP 192.168.0.99, que tem um firewall. Digite:

```
# nmap -sR 192.168.0.99
```

Veja o retorno, conforme mostra a próxima figura:

```
mc - /home/livro/progs                                    _ |□| x
[root@server progs]# nmap -sR 192.168.0.99

Starting nmap 3.50 ( http://www.insecure.org/nmap/ ) at 2005
-08-13 16:21 BRT
Note: Host seems down. If it is really up, but blocking our
ping probes, try -P0
Nmap run completed -- 1 IP address (0 hosts up) scanned in 1
2.080 seconds
[root@server progs]# █
```

O mesmo comando na máquina local, de IP 192.168.0.1:

```
192.168.0.1 - PuTTY                                       _ |□| x
[root@firewall marco]# nmap -sR 192.168.0.1

Starting Nmap 3.95 ( http://www.insecure.org/nmap/ ) at 2005-12-13
 17:40 BRST
Interesting ports on firewall.rede (192.168.0.1):
(The 1668 ports scanned but not shown below are in state: closed)
PORT      STATE SERVICE      VERSION
22/tcp    open  ssh
3128/tcp  open  squid-http

Nmap finished: 1 IP address (1 host up) scanned in 0.889 seconds
[root@firewall marco]# █
```

```
# nmap -sS 192.168.0.98
```

TCP SYN scan envia pacote SYN e aguarda uma resposta. É difícil
de ser detectado.

```
# nmap -sT 192.168.0.98
```

TCP connect() scan envia um sinal para as portas ativas. É fácil de
ser detectado.

```
# nmap -sU 192.168.0.98
```

Comandos Linux: Prático e didático | **237**

UDP scan envia pacote UDP para cada porta e mostra as que estão abertas (UDP).

Na máquina de IP 192.168.0.98, com Windows:

```
 mc - /home/livro/progs                                    _ □ X
-08-13 16:30 BRT
Interesting ports on 192.168.0.98:
(The 1473 ports scanned but not shown below are in state: cl
osed)
PORT    STATE SERVICE
135/udp open   msrpc
137/udp open   netbios-ns
138/udp open   netbios-dgm
445/udp open   microsoft-ds
500/udp open   isakmp

Nmap run completed -- 1 IP address (1 host up) scanned in 4.
090 seconds
[root@server progs]# 
```

Na máquina de IP 192.168.0.1, com Linux:

```
 192.168.0.1 - PuTTY                                       _ □ X
[root@firewall marco]# nmap -sU 192.168.0.1

Starting Nmap 3.95 ( http://www.insecure.org/nmap/ ) at 2005-12-13
 17:50 BRST
Interesting ports on firewall.rede (192.168.0.1):
(The 1477 ports scanned but not shown below are in state: closed)
PORT     STATE         SERVICE
3130/udp open|filtered squid-ipc
3401/udp open|filtered squid-snmp
4827/udp open|filtered squid-htcp

Nmap finished: 1 IP address (1 host up) scanned in 1.596 seconds
[root@firewall marco]# 
```

```
# nmap -sV 192.168.0.98
```

Version detection. Mostra quais serviços e portas estão rodando no momento.

Na máquina de IP 192.168.0.1, com Linux:

238 | *Comandos Linux: Prático e didático*

```
192.168.0.1 - PuTTY                                           _□×
[root@firewall marco]# nmap -sV 192.168.0.1

Starting Nmap 3.95 ( http://www.insecure.org/nmap/ ) at 2005-12-13
 17:51 BRST
Interesting ports on firewall.rede (192.168.0.1):
(The 1668 ports scanned but not shown below are in state: closed)
PORT       STATE SERVICE    VERSION
22/tcp     open  ssh          OpenSSH 3.8.1p1 (protocol 1.99)
3128/tcp open  http-proxy Squid webproxy 2.5.STABLE9

Nmap finished: 1 IP address (1 host up) scanned in 11.774 seconds
[root@firewall marco]#
```

Na máquina de IP 192.168.0.98, com Windows:

```
192.168.0.1 - PuTTY                                           _□×

Starting Nmap 3.95 ( http://www.insecure.org/nmap/ ) at 2005-12-13
 17:53 BRST
Interesting ports on 192.168.0.98:
(The 1666 ports scanned but not shown below are in state: closed)
PORT       STATE SERVICE    VERSION
135/tcp   open  msrpc        Microsoft Windows RPC
139/tcp   open  netbios-ssn
445/tcp   open  microsoft-ds Microsoft Windows XP microsoft-ds
1025/tcp open  msrpc        Microsoft Windows RPC
MAC Address: 00:13:D4:15:5E:51 (Asustek Computer)
Service Info: OS: Windows

Nmap finished: 1 IP address (1 host up) scanned in 10.211 seconds
[root@firewall marco]#
```

-sF, -sX, -sN

Stealth FIN, Xmas Tree ou Null. Utiliza métodos avançados devido aos firewalls.

nmap –F 192.168.0.98

Procura somente pelas portas que estão em /etc/services

Veja o resultado deste exemplo numa máquina Windows:

Comandos Linux: Prático e didático | **239**

```
mc - /home/livro/progs                                    _ □ ×
Starting nmap 3.50 ( http://www.insecure.org/nmap/ ) at 2005
-08-13 16:38 BRT
Interesting ports on 192.168.0.98:
(The 1213 ports scanned but not shown below are in state: cl
osed)
PORT     STATE SERVICE
135/tcp  open  msrpc
139/tcp  open  netbios-ssn
445/tcp  open  microsoft-ds
1025/tcp open  NFS-or-IIS

Nmap run completed -- 1 IP address (1 host up) scanned in 0.
455 seconds
[root@server progs]#
```

E agora o mesmo comando numa máquina Linux:

```
mc - /home/livro/progs                                    _ □ ×
[root@server progs]# nmap -F 192.168.0.1

Starting nmap 3.50 ( http://www.insecure.org/nmap/ ) at 2005
-08-13 16:37 BRT
Interesting ports on server.linux (192.168.0.1):
(The 1215 ports scanned but not shown below are in state: cl
osed)
PORT     STATE SERVICE
22/tcp   open  ssh
3128/tcp open  squid-http

Nmap run completed -- 1 IP address (1 host up) scanned in 1.
106 seconds
[root@server progs]#
```

```
# nmap -n 192.168.0.98
```

Não resolve nome do host escaneado. Como exemplo, veja a próxima figura, onde, sem a opção –n, é mostrado o nome do host antes do IP:

```
192.168.0.1 - PuTTY                                       _ □ ×
[root@firewall marco]# nmap 192.168.0.1

Starting Nmap 3.95 ( http://www.insecure.org/nmap/ ) at 2005-12-13
 18:09 BRST
Interesting ports on firewall.rede (192.168.0.1):
(The 1668 ports scanned but not shown below are in state: closed)
PORT     STATE SERVICE
22/tcp   open  ssh
3128/tcp open  squid-http

Nmap finished: 1 IP address (1 host up) scanned in 0.376 seconds
[root@firewall marco]# nmap 192.168.0.1
```

Comandos Linux: Prático e didático

E, na próxima figura, não é mostrado:

```
192.168.0.1 - PuTTY                                            _□×
[root@firewall marco]# nmap -n 192.168.0.1

Starting Nmap 3.95 ( http://www.insecure.org/nmap/ ) at 2005-12-13
 19:14 BRST
Interesting ports on 192.168.0.1:
(The 1668 ports scanned but not shown below are in state: closed)
PORT     STATE SERVICE
22/tcp   open  ssh
3128/tcp open  squid-http

Nmap finished: 1 IP address (1 host up) scanned in 0.371 seconds
[root@firewall marco]#
```

```
# nmap -O 192.168.0.98
```

Escaneia o host e apresenta a versão do sistema operacional.

O comando numa máquina Linux, conforme mostra a próxima figura:

```
192.168.0.1 - PuTTY                                            _□×
(The 1668 ports scanned but not shown below are in state: closed)
PORT     STATE SERVICE
22/tcp   open  ssh
3128/tcp open  squid-http
Device type: general purpose
Running: Linux 2.4.X|2.5.X|2.6.X
OS details: Linux 2.5.25 - 2.6.8 or Gentoo 1.2 Linux 2.4.19 rc1-rc
7
Uptime 0.415 days (since Tue Dec 13 09:20:02 2005)

Nmap finished: 1 IP address (1 host up) scanned in 3.623 seconds
[root@firewall marco]#
```

E agora, conforme mostra a próxima figura, numa máquina Windows:

```
192.168.0.1 - PuTTY                                            _□×
135/tcp  open  msrpc
139/tcp  open  netbios-ssn
445/tcp  open  microsoft-ds
1025/tcp open  NFS-or-IIS
MAC Address: 00:13:D4:15:5E:51 (Asustek Computer)
Device type: general purpose
Running: Microsoft Windows 95/98/ME|NT/2K/XP
OS details: Microsoft Windows Millennium Edition (Me), Windows 200
0 Professional or Advanced Server, or Windows XP

Nmap finished: 1 IP address (1 host up) scanned in 6.563 seconds
[root@firewall marco]#
```

Comandos Linux: Prático e didático | 241

```
# nmap -p 1-1024 192.168.0.98
```

Especifica quais portas devem ser verificadas. Serão mostradas, se houver, as portas abertas.

Podendo ser ainda assim:

```
# nmap -p 25-80,110 192.168.0.98
```

Serão verificadas as portas de 25 a 80 e a porta 110.

```
# nmap -P0 192.168.0.98
```
(depois da letra P vem o zero)

Não tenta pingar o IP do host antes de iniciar a verificação.

```
# nmap -PS80 192.168.0.98
```

ou

```
# nmap -PS23 192.168.0.98
```

Usa pacotes SYN para determinar se o host está ativo.

```
# nmap -PT80 192.168.0.98
```

ou

```
# nmap -PT23 192.168.0.98
```

Usa TCP ping para determinar se o host está ativo.

```
# nmap -R 192.168.0.1
```

Resolve o nome do host verificado.

242 | *Comandos Linux: Prático e didático*

Veja o resultado deste comando na próxima figura:

```
192.168.0.1 - PuTTY                                            _ □ ×
[root@firewall marco]# nmap -R 192.168.0.1

Starting Nmap 3.95 ( http://www.insecure.org/nmap/ ) at 2005-12-13
 19:24 BRST
Interesting ports on firewall.rede (192.168.0.1):
(The 1668 ports scanned but not shown below are in state: closed)
PORT     STATE SERVICE
22/tcp    open  ssh
3128/tcp open  squid-http

Nmap finished: 1 IP address (1 host up) scanned in 0.374 seconds
[root@firewall marco]#
```

```
# nmap -r 192.168.0.98
```

Faz verificação nas portas aleatoriamente.

```
# nmap -v 192.168.0.98
```

Escaneia todas as portas TCP reservadas.

Veja o resultado na próxima figura:

```
mc - /home/livro/progs                                        _ □ ×
[root@server progs]# nmap -v 192.168.0.98

Starting nmap 3.50 ( http://www.insecure.org/nmap/ ) at 2005
-08-13 17:02 BRT
Host 192.168.0.98 appears to be up ... good.
Initiating SYN Stealth Scan against 192.168.0.98 at 17:02
Adding open port 1025/tcp
Adding open port 445/tcp
Adding open port 139/tcp
Adding open port 135/tcp
The SYN Stealth Scan took 0 seconds to scan 1659 ports.
Interesting ports on 192.168.0.98:
(The 1655 ports scanned but not shown below are in state: cl
osed)
PORT     STATE SERVICE
135/tcp  open  msrpc
139/tcp  open  netbios-ssn
445/tcp  open  microsoft-ds
1025/tcp open  NFS-or-IIS

Nmap run completed --- 1 IP address (1 host up) scanned in 0.
494 seconds
[root@server progs]#
```

Comandos Linux: Prático e didático | 243

nmap –sX –p 22,53,110,143 192.168.0.1

Faz uma verificação Xmas Tree no IP 192.168.0.1, além de varrer somente os serviços de sshd, Dns, pop3d e imapd. Veja o resultado na próxima figura:

```
mc - /home/livro/progs                                    _ □ x
[root@server progs]# nmap -sX -p 22,53,110,143 192.168.0.1

Starting nmap 3.50 ( http://www.insecure.org/nmap/ ) at 2005
-08-13 17:05 BRT
Interesting ports on server.linux (192.168.0.1):
PORT      STATE   SERVICE
22/tcp    open    ssh
53/tcp    closed  domain
110/tcp   closed  pop3
143/tcp   closed  imap

Nmap run completed -- 1 IP address (1 host up) scanned in 1.
583 seconds
[root@server progs]# █
```

nmap –sS –O 192.168.0.0/24

Faz uma varredura TCP Syn em todas as máquinas que estão ativas. Mostra o sistema operacional de cada máquina. Veja o resultado:

```
mc - /home/livro/progs                                    _ □ x
[root@server progs]# nmap -sS -O 192.168.0.0/24

Starting nmap 3.50 ( http://www.insecure.org/nmap/ ) at 2005
-08-13 17:19 BRT
Interesting ports on server.linux (192.168.0.1):
(The 1657 ports scanned but not shown below are in state: cl
osed)
PORT      STATE   SERVICE
22/tcp    open    ssh
3128/tcp  open    squid-http
Device type: general purpose
Running: Linux 2.4.X|2.5.X
OS details: Linux 2.5.25 - 2.5.70 or Gentoo 1.2 Linux 2.4.19
 rc1-rc7)
Uptime 0.144 days (since Sat Aug 13 13:53:19 2005)

Interesting ports on 192.168.0.98:
(The 1655 ports scanned but not shown below are in state: cl
osed)
PORT      STATE   SERVICE
135/tcp   open    msrpc
139/tcp   open    netbios-ssn
445/tcp   open    microsoft-ds
1025/tcp  open    NFS-or-IIS
Device type: general purpose
Running: Microsoft Windows 95/98/ME|NT/2K/XP
OS details: Microsoft Windows Millennium Edition (Me), Windo
ws 2000 Professional or Advanced Server, or Windows XP

Nmap run completed -- 256 IP addresses (2 hosts up) scanned
in 26.134 seconds
[root@server progs]# █
```

244 | *Comandos Linux: Prático e didático*

Conforme mostra a figura anterior, foram mostradas as máquinas 192.168.0.1 e 192.168.0.98, mas as 192.168.0.99 e 192.168.0.101 não o foram, pois estavam com firewall habilitado.

nmap -sTUR -O -v -p 1-65535 -P0 192.168.0.98

Scan type utilizando os protocolos TCP, UDP e RPC e a opção –O para tentar identificar o sistema operacional. As portas escaneadas serão de 1 a 65535 e, por último, em modo verbose (-v).

Para maiores informações, consulte o manual do nmap:

```
# man nmap
```

nmblookup

Mostra o status de uma máquina Windows na rede, com um nome NetBIOS.

Exemplo:

nmblookup -A 192.168.0.99

nohup

Executa um comando, que continua a funcionar mesmo após fazer um logout. A saída é redirecionada para o arquivo nohup.out ou para nohup.out no diretório padrão do usuário. Caso algum destes dois arquivos não seja encontrado ou até mesmo não possa ser alterado, o comando possivelmente não será executado.

Sintaxe: nohup comando

Exemplo:

nohup find / -name iptables &

nroff

Usado para formatar textos.

nslookup

Faz uma consulta ao DNS, o servidor padrão de nomes, por nome ou endereço IP.

Exemplo:

nslookup nome_do_host

ntsysv

Para habilitar ou desabilitar serviços/aplicativos durante o boot, ou seja, serviços para inicializarem automaticamente, não sendo necessário se logar no servidor para que os mesmos se inicializem.

Exemplo:

ntsysv

Irá aparecer a tela do ntsysv, conforme mostra a próxima figura:

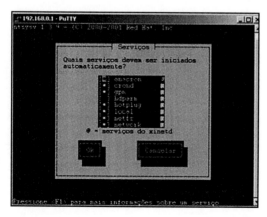

Para instalar, digite:

```
# apt-get install ntsysv
```

O

CAPÍTULO

od

Visualiza arquivo binário em base octal.

Para o help, digite:

```
# od —help
```

operadores

Alguns operadores. Muito usados em scripts.

Aritméticos

+   Adição

-      Subtração

*   Multiplicação

/   Divisão

%   Módulo

**   Exponenciação

Relacionais

==   Igual

!=   Diferente

Comandos Linux: Prático e didático

```
>     Maior
>=    Maior ou Igual
<     Menor
<=    Menor ou Igual
```

Atribuição

```
=     Atribui valor a uma variável
+=    Incrementa a variável por uma constante
-=    Decrementa a variável por uma constante
*=    Multiplica a variável por uma constante
/=    Divide a variável por uma constante
%=    Resto da divisão por uma constante
++    Incrementa em 1 o valor da variável
—     Decrementa em 1 o valor da variável
```

de BIT

```
<<    Deslocamento à esquerda
>>    Deslocamento à direita
&     E de bit (AND)
|     OU de bit (OR)
^     OU exclusivo de bit (XOR)
~     Negação de bit
!     NÃO de bit (NOT)
```

de BIT (atribuição)

```
<<=   Deslocamento à esquerda
>>=   Deslocamento à direita
```

&=   E de bit

|=   OU de bit

^=   OU exclusivo de bit

Lógicos

&& E lógico (AND)

|| OU lógico (OR)

CAPÍTULO

pack

Utilitário para comprimir arquivos.

parted

Utilitário para uso de particionamento.

Exemplo:

```
# parted /dev/hda
```

Uma versão mais recente é a parted16.

partições

Como já é de conhecimento, pode-se particionar o HD em várias partes, onde cada parte pode ter seu próprio sistema de arquivo, o que significa que uma partição não interfere nas outras. É possível, por exemplo, ter o Windows e o Linux instalados num mesmo HD, mas em partições diferentes. Melhorando ainda mais, é possível ter o Windows 98, Windows 200, Windows XP e o Linux, tudo no mesmo HD e, é lógico, em partições diferentes.

Comandos Linux: Prático e didático

O local que contém as informações sobre as partições existentes e seus tipos chama-se MBR, de Master Boot Record, e fica no primeiro setor do HD.

Um HD pode ser dividido em até 4 partições, e uma partição pode ser primária ou estendida.

Podemos ter:

4 partições primárias ou

3 partições primárias e 1 estendida.

Uma partição estendida pode ser dividida em até 64 menores, conhecidas como partições lógicas. A partição estendida não armazena dados, e sim outras partições lógicas. Não é possível dividir uma partição primária.

Veja também: fdisk, arquivos e diretórios

passwd

Muda a senha do usuário, assim como cria uma nova. O administrador, para fins de segurança, deve atentar para o tamanho das senhas quando da sua criação.

Um usuário somente pode alterar a senha de sua conta, mas o root pode alterar a senha de qualquer conta de usuário, inclusive a data de validade da conta etc.

Exemplos:

passwd

Muda a senha do usuário corrente.

passwd marco

O root mudando a senha do usuário marco.

Comandos Linux: Prático e didático | 253

passwd –d usuário

Apaga a senha, deixando-a em branco.

A opção **-u** é usada para indicar que a atualização só é efetuada após a data de expiração da senha atual.

Dicas:

O sistema não aceita que sejam criadas senhas muito simples, Recomenda-se sempre misturar letras e números para criar sua senha e, se possível, misturar também letras maiúsculas e minúsculas.

A seguir, estão comandos em conjunto que criam o usuário marco e já definem uma senha (qwerty) para o mesmo:

```
# adduser marco
# echo qwerty | passwd marco – stdin
```

paste

Colaca o conteúdo de dois arquivos lado a lado, ou melhor, anexa colunas de um arquivo texto.

Exemplos:

Conteúdo do arquivo teste4:

Comandos Linux: Prático e didático

```
mc - /home                                         _ □ X
[root@firewall home]# more teste4
1
2
3
4
5
6
7
[root@firewall home]#
```

Conteúdo do arquivo teste5:

```
mc - /home                                         _ □ X
[root@firewall home]# more teste5
a
b
c
d
e
f
g
[root@firewall home]#
```

Agora executamos:

```
# paste teste4 teste5 > teste6
```

Agora o conteúdo do arquivo teste6 criado pelo comando paste:

```
mc - /home                                         _ □ X
[root@firewall home]# more teste6
1       a
2       b
3       c
4       d
5       e
6       f
7       g
[root@firewall home]#
```

Aqui está outro exemplo, usando a opção –s. Execute:

```
# paste -s teste4 teste5 > teste7
```

Agora o conteúdo do arquivo teste7 criado pelo comando paste:

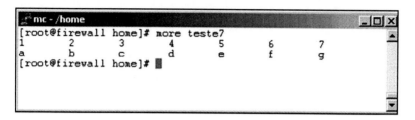

patch

Atualiza arquivos texto através das diferenças geradas pelo comando diff. As diferenças são aplicadas em arquivos originais gerados pelo comando diff.

Sintaxe:

patch opção arquivo

ou

patch opção < arquivo

Onde arquivo é o arquivo contendo as diferenças geradas pelo comando diff.

Opções:

-p [num]:

Nível do diretório onde o patch será aplicado. Se igual a 0, o patch assume que os arquivos que serão atualizados estão no diretório atual; se 1, assume que os arquivos que serão atualizado estão no diretório acima; se 2, 2 diretórios acima.

-b:

Cria cópias de segurança dos arquivos originais.

-binary:

Lê e grava arquivo usando modo binário.

-d [dir]:

Muda para o diretório antes de se aplicar o patch.

-E:

Remove arquivos vazios após a aplicação do patch.

-n:

Interpreta o arquivo de patch como um .diff normal.

-N:

Não desfaz patches já aplicados.

-s:

Ignora (não mostra) mensagens de erro.

-u:

Interpreta o patch em formato unificado.

Exemplos:

patch -p0<texto.diff

Ou assim:

patch -p0 texto.txt texto.diff

Aplica as diferenças contidas no arquivo texto.diff nos arquivos originais.

path

Path é o caminho de procura dos arquivos/comandos executáveis. O path (caminho) é armazenado na variável de ambiente PATH. Você pode ver o conteúdo desta variável com o comando echo $PATH.

Por exemplo, o caminho /usr/local/bin:/usr/bin:/bin significa que se você digitar o comando cp, o interpretador de comandos iniciará a procura pelo cp no diretório /usr/local/bin; caso não o encontre no diretório /usr/local/bin e assim por diante, até que seja encontrado o comando, mas caso o interpretador de comandos chegue até o último diretório do path e não encontre o arquivo/comando digitado, é mostrada uma mensagem conforme a próxima figura:

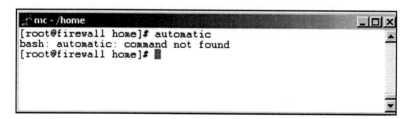

Caso um arquivo ou comando não esteja localizado em nenhum dos diretórios do path, deve-se executá-lo usando um (./) na frente do comando, conforme a próxima figura:

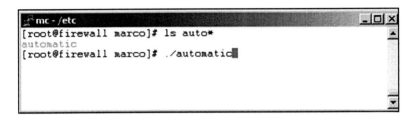

Para alterar o path para um único usuário, é só modificar o arquivo .bash_profile que se encontra no diretório do mesmo, como, por exemplo, o /home/marco.

permissões

As permissões são um dos aspectos mais importantes do Linux e, na verdade, de todos os sistemas baseados em Unix.

O Linux possui permissões que definem os direitos dos usuários e dos programas sobre os arquivos e diretórios. Essas permissões são controladas, ou melhor, acertadas pelo comando chmod.

Uma maneira bem simples de explicar permissões seria a seguinte: Cada arquivo e diretório do Linux está associado a um usuário e a um grupo, ou seja, o dono. O dono de um arquivo ou de um diretório pode definir quem tem acesso ao arquivo e qual tipo de acesso é permitido, se de leitura, gravação ou execução. Este "ou" que usei não é de exclusão, pois podemos ter os três tipos num mesmo arquivo ou diretório.

A permissão do Linux é formada em três níveis principais: dono, grupo e restante.

Dono: quem criou o arquivo ou diretório.

Grupo: o grupo de usuários ao qual pertence o arquivo/diretório.

Restante: o restante dos usuários.

Cada nível pode ter três tipos de permissões: leitura ou read, representada pela letra r; escrita ou write, representada pela letra w; e execução ou execute, representada pela letra x.

Veja um exemplo, conforme a próxima figura, de uma listagem de um diretório contendo alguns arquivos com alguns tipos diferentes de permissões:

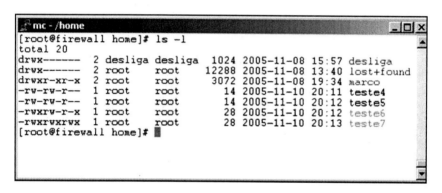

Na figura, a primeira coluna mostra as permissões de acesso dos subdiretórios e arquivos, onde:

- é um arquivo comum.
d é um diretório.
l é um link.

Os três caracteres seguintes, ou seja, a segunda, terceira e quarta colunas, mostram as permissões de acesso do dono do arquivo. Os próximos três caracteres são as permissões do grupo e os três outros são as permissões dos restantes dos usuários. Ficou confuso? Vamos ver um exemplo, mostrando somente o arquivo teste6, conforme a próxima figura:

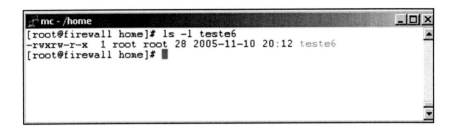

O arquivo teste6, conforme a primeira coluna, é um "arquivo comum". Nas três seguintes colunas (rwx) o dono tem permissão de ler, escrever e executar. Nas outras três (rw-) o grupo tem permissão de ler e escrever mas não de executar. Nas últimas três colunas (r-x), o restante dos usuários do sistema têm permissão de ler e executar mas não de escrever.

Como você deve saber, somente o superusuário (root) tem ações irrestritas no sistema, justamente por ser o usuário responsável pela configuração, administração e manutenção do Linux.

O Linux garante o acesso de leitura, gravação ou execução, dependendo do valor de um bit associado ao arquivo. Cada bit pode ter o valor de 0 ou 1.

Se determinada permissão é habilitada, atribui-se valor 1; caso contrário, atribui-se valor 0. Essa combinação de 1 e 0 é um número binário.

Binário	Decimal	Permissão
000	0	NADA
001	1	EXECUTA
010	2	ESCREVE
011	3	EXECUTA/ESCREVE
100	4	LÊ
101	5	LE/EXECUTA
110	6	LE/GRAVA
111	7	LE/GRAVA/EXECUTA

Um exemplo:

```
# chmod 644 /home/marco
```

Neste exemplo, o dono tem direito a ler e escrever, e o grupo e o universo (restante dos usuários) só podem ler.

Então, seria assim:

```
   r w x
d 1 1 0
g 1 0 0      a permissão de 644
u 1 0 0
```

Outro exemplo:

```
# chmod 700 /home/marco
```

Neste exemplo, o dono tem direito a tudo, e o grupo e o universo não podem nada.

Mais um exemplo:

Temos dois grupos, o grupo1 e o grupo2. No grupo1, temos dois usuários, o user1 e o user2; no grupo2, temos o user3, conforme mostra a tabela:

```
grupo1 grupo2

user1   user3
user2
```

Criando os grupos e usuários:

```
# groupadd grupo1
# useradd -G grupo1 user1
```

262 | *Comandos Linux: Prático e didático*

```
# useradd -G grupo1 user2
# groupadd grupo2
# useradd -G grupo2 user3
```

Ou desta maneira:

```
# useradd user1
# useradd user2
# useradd user3
# groupadd grupo1
# groupadd grupo2
# usermod -G grupo1 user1
# usermod -G grupo1 user2
# usermod -G grupo2 user3
```

Dando a permissão do root para o grupo1, exceto Outros:

```
# mkdir /home/teste
# chown user1:grupo1 -R /home/teste
# chmod -R 770 /home/teste
```

No local do user1, poderia ser colocado qualquer outro usuário do grupo1.

```
# chmod -R 740 /home/teste
```

Neste exemplo, somente o user1 pode tudo; o restante do grupo1 só pode LER; os outros não podem NADA.

```
# chmod -R 774 /home/teste
```

Neste exemplo, o dono e o grupo1 podem tudo e os outros só podem LER.

Comandos Linux: Prático e didático | 263

Vamos ver um comando básico para mostrar as permissões. Estando em, por exemplo, /home, digite:

```
# l
(letra ele em minúsculo)
```

Deverá ser mostrado algo conforme a figura:

```
192.168.0.1 - PuTTY                                    _ □ x
[root@server home]# l
total 16
drwxr-xr-x   4 root   root   4096 2005-08-29 16:59 ./
drwxr-xr-x  21 root   root   4096 2005-08-19 07:07 ../
drwx------  10 marco  marco  4096 2005-08-31 16:17 marco/
drwxrwxr-x   2 root   root   4096 2005-08-29 16:12 squid-reports/
[root@server home]#
```

Comandos relacionados: chgrp, chmod e chown.

Ainda existem três permissões especiais, que são: SGID, SUID e sticky bit.

SGID

Com esta permissão, o usuário executa o arquivo ou acessa o diretório como se fosse membro do grupo ao qual pertence o arquivo/ diretório.

sticky bit

O bit sticky é um bit associado a diretórios e representado pela letra t. Caso este bit esteja ativado, com valor 1, os arquivos só poderão ser apagados pelo dono ou pelo root. Isso é muito útil em diretórios temporários, como o /tmp, onde todos podem escrever. Quando o sticky bit é usado em um arquivo, significa que este arquivo é compartilhado por vários usuários.

264 | *Comandos Linux: Prático e didático*

Veja as permissões deste diretório digitando:

```
# ls -ld /tmp
```

Será mostrado algo parecido com a próxima figura:

```
192.168.0.1 - PuTTY                                        _ □ x
[root@firewall marco]# ls -ld /tmp
drwxrwxrwt  3 root root 4096 2005-11-11 11:08 /tmp
[root@firewall marco]#
```

Para ativar o sticky bit utiliza-se o valor 1 na frente das permissões.

Como exemplo, primeiro vamos listar. Assim, digite:

```
# ls -ld /home/marco
```

Será mostrado algo parecido com a próxima figura:

```
192.168.0.1 - PuTTY                                        _ □ x
[root@server marco]# ls -ld /home/marco
drwx------  10 marco marco 4096 2005-08-31 16:17 /home/marco
[root@server marco]#
```

Agora vamos modificar as permissões do diretório:

```
# chmod 1777 /home/marco/
```

Listando novamente:

```
# ls -ld /home/marco
```

Será mostrado algo parecido com a próxima figura:

Para voltar ao default:

```
# chmod 0700 /home/marco/
```

inserir:

```
# mkdir /home/$New_Group
# chown -R $New_User /home/$New_Group
# chgrp -R $New_Group /home/$New_Group
# chmod -R 2770 /home/$New_Group
```

No exemplo anterior, uma seqüência de comandos de um script que utilizo para configurar o Samba e nele, você perceberá o uso uma variável ($New_Group) e o mais importante, o uso do comando chmod com a opção sticky bit.

SUID

Se este bit estiver ligado em um arquivo executável, isso indica que ele vai rodar com as permissões do seu dono (o proprietário do arquivo) e não com as permissões do usuário que o executou. O bit SUID é representado pela letra s logo após a área de permissões do usuário. Entretanto, só tem efeito em arquivos executáveis. Resumindo, com o SUID, ou esta permissão, o usuário executa o arquivo ou acessa o diretório como se fosse o dono.

Veja as permissões deste arquivo digitando:

ls -ld /usr/bin/passwd

Será mostrado algo parecido com:

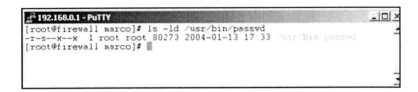

Para ativar o bit SUID utiliza-se o valor 4 na frente das permissões. Um exemplo:

chmod 4777 /home/marco/teste1

pico

Um editor de textos simples, mas muito bom, baseado no sistema de mensagens pine.

Sintaxe: pico arquivo

Dicas:

Use <Ctrl>x para sair.

Exemplo:

pico –w arquivo

Edita o arquivo texto de nome "arquivo", desabilitando a quebra de linhas longas.

PID

Refere-se ao número de identificação (ID) de um processo. Cada processo em execução está associado a um número, que é conhecido como PID. Existem alguns PIDs que são especiais, como, por exemplo, o PID 1, que corresponde ao processo init, o primeiro processo a ser iniciado; o PID 2 corresponde ao daemon kflushd, que esvazia o cache de disco; e o PID 3 corresponde ao processo kswapd, que é utilizado para fazer troca (swap) de memória virtual para o arquivo de troca.

Os processos têm um ID único, e os números de PID crescem até um valor alto e então reiniciam.

pine

Um bom e amigável leitor de correios em modo texto, melhor que o mail. Com certeza não é indicado para ler e-mails da sua conta da Internet, mas sim para ler o correio local como no caso dos e-mails gerados por uma máquina da rede, o que é muito comum nos processos do cron após a execução de um script.

ping

Um comando tão usado e tão necessário que é até estranho escrever sobre ele! Mas vamos lá. O ping vê a comunicação entre a sua máquina e uma outra, ou seja, envia pacotes de solicitação para uma host e aguarda o retorno, como se fosse um "ping", sendo "pong" o retorno.

Sintaxe: ping IP

Exemplo:

```
# ping 192.168.0.98
```

Será mostrado algo como a próxima figura:

Comandos Linux: Prático e didático

```
192.168.0.1 - PuTTY                                        _ □ X
[root@firewall marco]# ping 192.168.0.98
PING 192.168.0.98 (192.168.0.98) 56(84) bytes of data.
64 bytes from 192.168.0.98: icmp_seq=0 ttl=64 time=0.668 ms
64 bytes from 192.168.0.98: icmp_seq=1 ttl=64 time=0.312 ms
64 bytes from 192.168.0.98: icmp_seq=2 ttl=64 time=0.289 ms

--- 192.168.0.98 ping statistics ---
3 packets transmitted, 3 received, 0% packet loss, time 2001ms
rtt min/avg/max/mdev = 0.289/0.423/0.668/0.173 ms, pipe 2
[root@firewall marco]#
```

Para parar o processo, digite <CTRL> c.

```
# ping www.lunardi.biz
```

Pinga no endereço especificado.

Caso o arquivo /etc/hosts tenha os nomes e IP, também posso pingar no nome.

```
# ping firewall
```

```
Prompt de comando                                          _ □ X
C:\>ping firewall

Disparando contra firewall [192.168.0.1] com 32 bytes de dados:

Esgotado o tempo limite do pedido.
Esgotado o tempo limite do pedido.
Esgotado o tempo limite do pedido.
Esgotado o tempo limite do pedido.

Estatísticas do Ping para 192.168.0.1:
    Pacotes: Enviados = 4, Recebidos = 0, Perdidos = 4 (100% de
Tempos aproximados de ida e volta em milissegundos:
    Mínimo = 0ms, Máximo = 0ms, Média = 0ms
```

play

Reproduz (toca) uma música gravada num arquivo wav.

Sintaxe: play arquivo.wav

Veja o help deste comando, pois ele tem opções interessantes, inclusive a de aumentar o volume.

```
# play —help
```

playmidi

Reproduz um arquivo midi.

Sintaxe: playmidi arquivo

poweroff

Desliga o computador.

Exemplo:

poweroff

O poweroff é, na verdade, um link, conforme mostra a próxima figura:

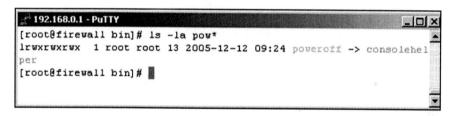

pr

Formata arquivos de texto para serem exibidos na tela, como o comando more, e também a impressão do mesmo. O pr faz uma paginação e, quando da exibição, coloca a data, hora e número da página no topo. Veja parte da tela listada com o comando, conforme a próxima figura:

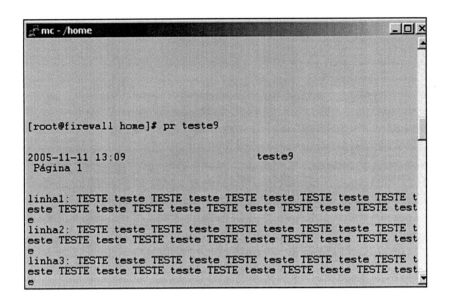

O comando pr também pode ser utilizado em conjunto com outros.

Sintaxe: pr opção arquivo

Opções:

-d:

Saída com espaçamento duplo.

-h:

Define um cabeçalho para as páginas de impressão.

-t:

Não mostra nenhum tipo de cabeçalho.

-a:

Exibe colunas no sentido horizontal.

Comandos Linux: Prático e didático | **271**

-w valor:

Formata a largura da página com o valor especificado.

printenv

Mostra uma lista do conteúdo do ambiente shell do usuário, ou seja, será listada uma coluna, sendo a do lado esquerdo o nome da variável e a do lado direito o seu valor.

Sintaxe: printenv variável

Veja também: env

Veja, na próxima figura, um exemplo desta listagem:

```
 mc - /home/marco                                            _ □ ×
[root@server marco]# printenv
CPLUS_INCLUDE_PATH=/usr/lib/kde3/include
LESSKEY=/etc/lesskey
MANPATH=/usr/lib/kde3/man:/usr/local/man:/usr/share/man:/usr/lo
cal/share/man:
HOSTNAME=server.rede
SHELL=/bin/bash
TERM=xterm
HISTSIZE=1000
SSH_CLIENT=192.168.0.101 1030 22
QTDIR=/usr/lib/qt3
SSH_TTY=/dev/pts/4
USER=marco
HISTFILESIZE=1000
PERL_BADLANGUAGE=0
LS_COLORS=no=00:fi=00:di=01;34:ln=01;36:pi=40;33:so=01;35:bd=40
;33;01:cd=40;33;01:or=01;05;37;41:mi=01;05;37;41:ex=01;32:*.cmd
=01;32:*.exe=01;32:*.com=01;32:*.btm=01;32:*.bat=01;32:*.tar=01
;31:*.tgz=01;31:*.arj=01;31:*.taz=01;31:*.lzh=01;31:*.zip=01;31
:*.z=01;31:*.Z=01;31:*.gz=01;31:*.bz2=01;31:*.rpm=01;31:*.deb=0
1;31:*.a=01;31:*.shar=01;31:*.cpio=01;31:*.jpg=01;35:*.gif=01;3
5:*.bmp=01;35:*.xbm=01;35:*.xpm=01;35:*.png=01;35:*.tif=01;35:*
.jpg=01;35:*.mpg=01;45:*.avi=01;45:*.au=01;44:*.wav=01;44:*.mp3
=01;44:*.mod=01;44:*.mid=01;44:*.txt=01;37:*.doc=01;37:*.sgml=0
1;37:*.html=01;37:
KDEDIR=/usr/lib/kde3
USERNAME=
PATH=/usr/lib/kde3/bin:/usr/bin:/bin:/usr/sbin:/sbin:/usr/bin/X
11:/usr/games:/usr/local/bin:/usr/lib/java2/bin:/usr/lib/java2/
jre/bin:/usr/lib/qt3/bin:/home/marco/bin
```

E também a listagem de uma variável:

```
mc - /home                                                    _ □ X
[root@firewall home]# printenv PATH
/usr/bin:/bin:/usr/sbin:/sbin:/usr/bin/X11:/usr/games:/usr/loca
l/bin:/home/marco/bin
[root@firewall home]#
```

printtool

Ferramenta de configuração para impressora. As definições estão no arquivo /etc/printcap.

processo

Um processo é um tipo de atividade executada pelo sistema que pode criar outros processos, neste caso um processo-pai gerando o processo-filho. Um exemplo disso é o init, que é o primeiro processo iniciado. Um processo pode estar em foreground ou em background, ou seja, em primeiro plano ou em segundo plano. Um exemplo bem fácil do que é o foreground é quando se executa um comando demorado, sendo necessário esperar seu término para se fazer outra coisa, isso no mesmo terminal. Para se executar este mesmo comando em background, é só colocar o & no final do comando, como, por exemplo:

```
# comando_a_ser_executado &
```

O & indica que o comando deve ser executado em segundo plano.

Quase sempre daemons são executados em background, enquanto as aplicações clientes são executadas em foreground. São exemplos de daemons: crond, adsl, inetd, httpd etc., e eles usam o start para iniciar, o stop para parar e o status para verificar a situação.

Comandos Linux: Prático e didático | 273

Alguns comandos relacionados com processos são: bg, top, ps, renice, kill, killall, jobs, fg etc.

ps

De "print status" ou "process status". Mostra a lista de processos em execução com seus números de identificação (PIDs).

Sintaxe: ps opção

Opções:

-a:

Processos de todos os usuários.

-e:

Variáveis de ambiente no momento da inicialização do processo.

-f:

Em árvore de execução de comandos (hierarquia de processos), interessante para ver os processos originários de outros.

-x:

Os processos que não foram iniciados no console, ou seja, sem controle de terminal.

-u:

Fornece o nome do usuário e a hora de início do processo.

274 | *Comandos Linux: Prático e didático*

-l:

Em formato longo.

-r:

Apenas os processos em execução.

Exemplos:

ps

Mostra os processos do usuário corrente, conforme a próxima figura:

```
192.168.0.1 - PuTTY                                    _ □ ×
[root@firewall marco]# ps
  PID TTY          TIME CMD
 1751 pts/2    00:00:00 su
 1752 pts/2    00:00:00 bash
 1794 pts/2    00:00:00 adsl-connect
 1865 pts/2    00:00:00 ps
[root@firewall marco]#
```

ps –a

Mostra os processos de todos os usuários, além do corrente.

ps -aux

Sintaxe mais utilizada, exibe as informações sobre todos os processos que estão sendo executados no sistema, conforme a próxima figura:

```
192.168.0.1 - PuTTY                                                    _ □ ×
[root@firewall marco]# ps -aux
Warning: bad syntax, perhaps a bogus '-'? See http://procps.sf.net/faq.html
USER       PID %CPU %MEM   VSZ   RSS TTY      STAT START   TIME COMMAND
root         1  0.0  0.3  1288   452 ?        S    18:59   0:05 init [3]
root         2  0.0  0.0     0     0 ?        SWN  18:59   0:00 [ksoftirqd/0
root         3  0.0  0.0     0     0 ?        SW<  18:59   0:00 [events/0]
root         4  0.0  0.0     0     0 ?        SW<  18:59   0:00 [kblockd/0]
root         6  0.0  0.0     0     0 ?        SW   18:59   0:00 [pdflush]
root         5  0.0  0.0     0     0 ?        SW   18:59   0:00 [khubd]
root         7  0.0  0.0     0     0 ?        SW   18:59   0:00 [pdflush]
root         9  0.0  0.0     0     0 ?        SW<  18:59   0:00 [aio/0]
root         8  0.0  0.0     0     0 ?        SW   18:59   0:00 [kswapd0]
root        10  0.0  0.0     0     0 ?        SW   18:59   0:00 [kseriod]
root        15  0.0  0.0     0     0 ?        SW   18:59   0:00 [kjournald]
root       522  0.0  0.0     0     0 ?        SW   19:00   0:00 [kjournald]
root      1282  0.0  0.4  1348   528 ?        S    19:00   0:00 syslogd -m 0
root      1295  0.0  1.2  2288  1504 ?        S    19:00   0:00 klogd -c 4
root      1426  0.0  0.4  1332   556 ?        S    19:00   0:00 crond
root      1621  0.0  1.2  3608  1536 ?        S    19:00   0:00 /usr/sbin/ss
root      1671  0.0  1.9  8844  2332 ?        S    19:00   0:00 smbd -D
root      1682  0.0  1.8  8844  2320 ?        S    19:00   0:00 smbd -D
root      1685  0.0  1.6  6768  1968 ?        S    19:00   0:00 nmbd -D
root      1705  0.0  0.3  1276   388 tty1     S    19:00   0:00 /sbin/minget
root      1706  0.0  0.3  1276   388 tty2     S    19:00   0:00 /sbin/minget
root      1707  0.0  0.3  1276   388 tty3     S    19:00   0:00 /sbin/minget
root      1708  0.0  0.3  1276   388 tty4     S    19:00   0:00 /sbin/minget
root      1709  0.0  0.3  1276   388 tty5     S    19:00   0:00 /sbin/minget
root      1710  0.0  0.3  1276   388 tty6     S    19:00   0:00 /sbin/minget
root      1733  0.0  1.4  6268  1836 ?        S    20:21   0:00 sshd: marco
marco     1735  0.0  1.4  6252  1824 ?        S    20:21   0:00 sshd: marco@
```

pstree

Exibe os processos em hierarquia, ou melhor, numa árvove.

Exemplo:

pstree

Será mostrado algo conforme a próxima figura:

```
192.168.0.1 - PuTTY                                          _ □ ×
[root@firewall marco]# pstree
init-+-adsl-connect---pppd----pppoe
     |-crond
     |-events/0-+-aio/0
     |          |-kblockd/0
     |          `-2*[pdflush]
     |-khubd
     |-2*[kjournald]
     |-klogd
     |-kseriod
     |-ksoftirqd/0
     |-kswapd0
     |-6*[mingetty]
     |-nmbd
     |-smbd---smbd
     |-sshd---sshd---sshd---bash---su---bash---pstree
     `-syslogd
[root@firewall marco]#
```

276 | *Comandos Linux: Prático e didático*

pstree —help

Exibe o help.

pwck

Faz uma verificação no arquivo de senhas do sistema, como erros, problemas, duplicações etc.

Sintaxe: pwck

Exemplo:

pwck

Será verificado e exibido algo conforme a próxima figura:

```
192.168.0.1 - PuTTY                                            _ | □ | ×
[root@firewall marco]# pwck
user adm: directory /var/adm does not exist
user lp: directory /var/spool/lpd does not exist
user news: directory /var/spool/news does not exist
user uucp: directory /var/spool/uucp does not exist
user gopher: directory /usr/lib/gopher-data does not exist
user ftp: directory /srv/ftp does not exist
user hacluster: directory /var/lib/heartbeat/ccm does not exist
user www: directory /srv/www does not exist
pwck: no changes
[root@firewall marco]#
```

É interessante que se execute este comando com uma opção (-r) para que seja feito em modo read-only, ou seja, apenas uma verificação; caso exista uma alteração, não será feita.

pwck -r

pwconv

Copia os conteúdos do arquivo de senhas e do arquivo de sombra, concatenando e copiando um novo de senha e um novo de sombra. Eles terão, respectivamente, os nomes npasswd e nshadow.

Sintaxe: pwconv

Veja também: pwunconv e grpconv

É raro o uso deste comando.

pwd

Mostra o diretório corrente.

Sintaxe: pwd

Exemplo:

pwd

Será mostrado algo conforme a próxima figura:

```
192.168.0.1 - PuTTY                                    _ □ x
[root@firewall marco]# pwd
/home/marco
[root@firewall marco]#
```

pwunconv

Elimina o uso do sistema shadow de proteção de senhas. Este comando migra as senhas criptografadas do arquivo /etc/shadow para o arquivo /etc/passwd. Para gerar novamente o arquivo /etc/shadow, use o comando pwconv.

Sintaxe: pwunconv

Veja também: pwconv

CAPÍTULO

quota

Fornece informações sobre o sistema de cotas de utilização de discos.

Sintaxe: quota opção nome

Opções:

-u nome_usuário:

Informações sobre a cota do usuário.

-g nome_grupo:

Informações sobre a cota do grupo do qual o usuário é membro.

Exemplo:

quota -u marco

Exibe informações sobre a cota do usuário marco.

Veja também: cotas, quotaoff, quotaon e quotacheck.

quotacheck

Verifica a utilização de cotas por usuário ou por grupo.

Veja também: cotas, quotaoff, quotaon e quota.

quotaoff

Desativa o sistema de cotas.

Sintaxe: quotaoff opção sistema

Opções:

-a:

Desativa as cotas de todos os sistemas definidos no /etc/fstab.

-u:

Desativa as cotas de usuários.

-g:

Desativa as cotas dos grupos.

Exemplo:

quotaoff /dev/hda2

Desativa o sistema de cotas do /dev/hda2.

Veja também: cotas, quota, quotaon e quotacheck.

quotaon

Ativa o sistema de cotas.

Sintaxe: quotaon opção sistema

Opções:

-a:

Ativa as cotas de todos os sistemas de arquivos definidos no /etc/ fstab.

-u:

Ativa as cotas de usuários.

-g:

Ativa as cotas dos grupos.

Exemplo:

quotaon /dev/hda2

Ativa o sistema de cotas do /dev/hda2, conforme definido em /etc/ fstab.

Veja também: cotas, quota, quotaoff e quotacheck.

CAPÍTULO

rcp

Este comando serve para copiar arquivos remotamente, isto entre dois sistemas.

RCS

De "Revision Control System". Aplicativo para gerenciamento de código-fonte. Para que um programa passe a ser gerenciado pelo RCS, é preciso que ele seja primeiro verificado. O RCS gerencia os programas apenas dentro de um determinado diretório.

rdate

Mostra a hora de uma máquina (host) da rede.

Sintaxe: rdate host

reboot

Reinicia o computador, sendo que para isso o mais indicado é o comando shutdown. Seria o mesmo que pressionar as teclas CTRL ALT DEL.

284 | *Comandos Linux: Prático e didático*

O arquivo /etc/inittab contém a linha em que podemos habilitar ou desabilitar a função das teclas acima, além de outras.

Veja o conteúdo do arquivo:

```
#
# inittab  This file describes how the INIT process
should set up
#      the system in a certain run-level.
#
# Author:   Miquel van Smoorenburg, <miquels@drinkel.nl.
mugnet.org>
# Modified for RHS Linux by Marc Ewing and Donnie Barnes
# Modified for Conectiva Linux by Arnaldo Carvalho de Melo
#

# Default runlevel. The runlevels used by RHS are:
#   0 - halt (Do NOT set initdefault to this)
#   1 - Single user mode
#   2 - Multiuser, without NFS (The same as 3, if you
do not have networking)
#   3 - Full multiuser mode
#   4 - unused
#   5 - X11
#   6 - reboot (Do NOT set initdefault to this)
#
id:3:initdefault:

# System initialization.
si::sysinit:/etc/rc.d/rc.sysinit

su:S:wait:/etc/rc.d/rc.sulogin
l0:0:wait:/etc/rc.d/rc  0
l1:1:wait:/etc/rc.d/rc  1
l2:2:wait:/etc/rc.d/rc  2
l3:3:wait:/etc/rc.d/rc  3
l4:4:wait:/etc/rc.d/rc  4
l5:5:wait:/etc/rc.d/rc  5
l6:6:wait:/etc/rc.d/rc  6
```

```
# Things to run in every runlevel.
#ud::once:/sbin/update

# Trap CTRL-ALT-DELETE
ca::ctrlaltdel:/sbin/shutdown -t3 -r now

# When our UPS tells us power has failed, assume we have
a few minutes
# of power left.  Schedule a shutdown for 2 minutes from
now.
# This does, of course, assume you have powerd installed
and your
# UPS connected and working correctly.
pf::powerfail:/sbin/shutdown -f -h +2 "Power Failure;
System Shutting Down"

# If power was restored before the shutdown kicked in,
cancel it.
pr:12345:powerokwait:/sbin/shutdown -c "Power Restored;
Shutdown Cancelled"


# Run gettys in standard runlevels
1:2345:respawn:/sbin/mingetty tty1 —noclear
2:2345:respawn:/sbin/mingetty  tty2
3:2345:respawn:/sbin/mingetty  tty3
4:2345:respawn:/sbin/mingetty  tty4
5:2345:respawn:/sbin/mingetty  tty5
6:2345:respawn:/sbin/mingetty  tty6
#7:2345:respawn:/sbin/mingetty  tty7
#8:2345:respawn:/sbin/mingetty  tty8
#9:2345:respawn:/sbin/mingetty  tty9
#10:2345:respawn:/sbin/mingetty  tty10
#11:2345:respawn:/sbin/mingetty  tty11
#12:2345:respawn:/sbin/mingetty  tty12


# Run xdm in runlevel 5
# xdm is now a separate service
x:5:once:/etc/X11/prefdm  -nodaemon
```

286 | *Comandos Linux: Prático e didático*

Exemplo:

```
# reboot
```

Veja também: shutdown e init

rec

Grava um arquivo wave a partir do microfone.

Sintaxe: rec arquivo.wav

redirecionadores de E/S

Faz redirecionamentos e tem os seguintes operadores:

>   redireciona para saída.

>>   redireciona para fim de arquivo.

<   redireciona para a entrada.

<<   redireciona para a entrada e mantém a entrada aberta até que seja digitado algum caracter de EOF, como, por exemplo, CTRL+D.

>&   redireciona a saída de erros.

| redireciona a saída de um comando para a entrada de um outro comando.

tee   redireciona o resultado para a saída padrão e para um arquivo, devendo ser usado em conjunto com o "|"

Exemplos:

cat < prova.txt

    Recebe como entrada o arquivo prova.txt e exibe seu conteúdo.

Comandos Linux: Prático e didático | **287**

cat aula1.txt aula2.txt > prova.txt

Aqui não vou explicar sobre o comando cat, e sim dizer que se o arquivo prova.txt não existir, ele será criado; caso exista, todo o conteúdo será sobreposto.

cat prova.txt >> provafinal.txt

Insere o conteúdo do arquivo prova.txt no final do arquivo provafinal.txt; caso o último não exista, ele será criado.

ls –la /etc >& lista

Lista o conteúdo do diretório /etc para o arquivo lista.

rename

Alterar a extensão de diversos arquivos.

Exemplo:

No diretório /home/marco, temos quatro arquivos com extensão .htm, conforme mostra a figura:

```
192.168.0.1 - PuTTY                                          _ |□| x
[marco@firewall marco]$ ls *.htm
teste1.htm   teste2.htm   teste3.htm   teste4.htm
[marco@firewall marco]$ █
```

Vamor renomear todos, digite:

```
# rename .htm .html *.htm
```

288 | *Comandos Linux: Prático e didático*

O comando acima irá substituir todos os arquivos terminados em .htm por .html.

renice

Altera a prioridade de um processo em execução. Exceto o root, os outros usuários só podem alterar, ou melhor, diminuir a prioridade de processos dos quais lhe pertencem. Por default, a prioridade dos processos é 0, mas um processo pode variar de -20, maior prioridade, a 19, menor prioridade.

Veja também: top, processo e nice

Opções:

-p pid:

Altera a prioridade do processo do pid especificado.

-g gid:

Altera a prioridade de todos os processos que possuem o gid especificado.

-u usuário:

Altera a prioridade dos processos do usuário especificado.

Exemplo:

renice -18 PID

Altera a prioridade de um processo em execução para -18.

Comandos Linux: Prático e didático | **289**

repquota

Mostra um resumo das cotas de disco utilizadas.

rev

Inverte as linhas de um arquivo.

Sintaxe: rev arquivo

Exemplo:

Veja o conteúdo do arquivo teste1, conforme a próxima figura:

```
[root@firewall home]# more teste1
marco
12345
lunardi
1234567
[root@firewall home]#
```

Digitando o comando, veja o retorno, conforme a próxima figura:

```
[root@firewall home]# rev teste1
ocram
54321
idranul
7654321
[root@firewall home]#
```

O retorno deste comando foi para a tela, mas poderia ser enviado para um arquivo, como, por exemplo:

```
# rev teste1 > teste2
```

A próxima figura mostra o conteúdo do arquivo teste2:

```
mc - /home                                              _ □ x
[root@firewall home]# more teste2
ocram
54321
idranul
7654321
[root@firewall home]# █
```

rewind

Rebobina uma fita.

rgrep

Faz pesquisa de uma string em arquivos de um diretório.

Exemplos:

rgrep 'prova'

Pesquisará a palavra prova em todos os arquivos que estejam no diretório corrente.

rgrep -r 'prova'

Pesquisará a palavra prova em todos os arquivos que estejam no diretório corrente. Com a opção –r, também pesquisará nos subdiretórios.

rlogin

De "remote login". Faz a conexão de uma máquina (host) a outra. Se, no momento da conexão, o nome de login e password da sessão corrente forem usados e houver uma falha, uma password será solicitada.

Sintaxe: rlogin host

Exemplos:

rlogin 192.168.0.1

Conecta ao host 192.168.0.1

rlogin –l marco 192.168.0.1

Conecta ao host 192.168.0.1 como usuário marco.

rm

Remove (apaga) arquivos, assim como diretórios vazios.

Sintaxe: rm /diretório/nome-do-arquivo

Exemplos:

rm –r /home/marco

Apaga o diretório /marco.

rm /home/teste/teste.htm

Neste exemplo, será removido o arquivo teste.htm.

rm –f /home/teste/teste.htm

Será removido o arquivo teste.htm sem solicitar confirmação (opção –f).

Veja mais um exemplo na próxima figura:

```
mc - /home                                              _ □ x
[root@firewall home]# ls
desliga       marco        teste2.txt    teste4.txt
lost+found    teste1.txt   teste3.txt    teste5.doc
[root@firewall home]#
```

292 | *Comandos Linux: Prático e didático*

Agora executamos o comando para apagar todos os arquivos com a extensão txt e sem a solicitação de confirmação:

```
# rm -f *.txt
```

rmdir

Apaga diretórios vazios. Vale a pena lembrar que deve-se ter permissão para isso. Para apagar diretórios com conteúdo (arquivos e subdiretórios), use o comando rm com a opção –r, conforme exemplos a seguir.

Sintaxe: rmdir diretório

Veja também: mkdir e rm

Exemplos:

rmdir /home/teste3

> Apaga o diretório /teste3.

rm -r /home/teste2

> Neste exemplo, o diretório /teste2, que tinha arquivos, foi apagado. Também foi solicitada a confirmação para apagar. Para excluir sem solicitar confirmação, use a opção -f, desta forma:

rm -rf /home/teste2

> Neste exemplo, o diretório /teste2, que tinha arquivos, foi apagado sem solicitar confirmação.

rmmod

Remove um módulo do kernel, ou melhor, um módulo carregado na memória.

Veja também: lsmod

Sintaxe: rmmod opção módulo

Opções:

-s:

Grava um log, no arquivo syslog.

-a:

Remove módulos que não estão em uso.

root

O administrador do sistema, conhecido como superusuário, é o usuário com maior nível de autorização.

route

Mostra a tabela de roteamento, assim como insere, altera e exclui.

Opções: -n GW add del

Exemplos:

route -n

Mostra a tabela de roteamento, conforme a próxima figura:

```
mc - /home                                          _ □ x
[root@firewall home]# route -n
Tabela de Roteamento IP do Kernel
Destino          Roteador           MáscaraGen.     Opções Métrica R
ef    Uso Iface
192.168.0.0      0.0.0.0            255.255.255.0   U      0       0
        0 eth0
127.0.0.0        0.0.0.0            255.0.0.0       U      0       0
        0 lo
[root@firewall home]# █
```

route add –net 192.168.27.0 netmask 255.255.255.0 dev eth0

Inclui uma rota na interface especificada.

route add default gw 192.168.1.35

Insere uma rota default. Gw de gateway.

route del default gw 192.168.1.53

Exclui uma rota default especificada.

rpm

De "Redhat Package Manager", ou gerenciador de pacotes Red Hat. Um gerenciador de pacotes, muito conhecido, original da distribuição Red Hat. Veja alguns sites sobre gerenciador de pacotes:

www.rpmfind.net

www.rpm.org

Acho que este comando daria um capítulo, mas vou tentar resumir com o que é mais usado.

Sintaxe: rpm opção pacote

Algumas opções:

-i:

Instala

-h:

Mostra o progresso da instalação

-U:

Atualiza (update)

-e:

Remove (erase)

-q:

Consulta (query)

-V:

Verifica

—nodeps:

Não verifica dependências

—force:

Força a instalação

Exemplos:

\# rpm -q apache

\# rpm -q squid

> Verifica se o pacote especificado está instalado. Esta opção é utilizada principalmente para saber a versão do pacote instalado. Neste exemplo, é verificado se o apache e o squid estão instalados, sendo retornado algo parecido com a próxima figura:

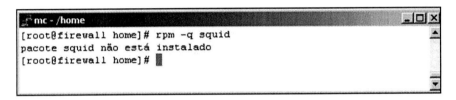

\# rpm -qa

> Lista o que está instalado. A opção a seria de all, ou seja, todos.

\# rpm -qa | sort | less

> Lista o que está instalado, em ordem alfabética, permitindo a rolagem da lista na tela.

\# rpm -qa | grep iptaples

> Lista todos os arquivos que correspondem ao iptables, conforme a figura:

```
mc - /home
[root@firewall home]# rpm -qa | grep iptables
iptables-devel-1.2.11-72578U10_2c1
iptables-1.2.11-72578U10_2c1
[root@firewall home]#
```

rpm -e squid

Desinstala o pacote do squid.

rpm -qi iptables

Mostra informações, com detalhes, referentes a um pacote, conforme a próxima figura:

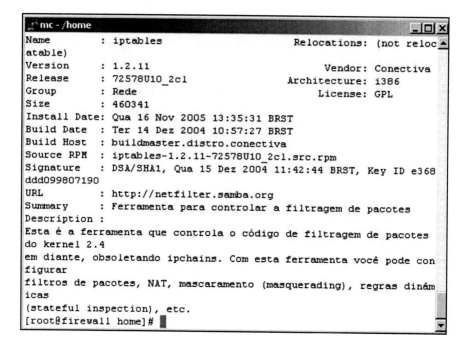

rpm -ivh nome-do-pacote.rpm

Instala o pacote especificado. Esta combinação é a mais utilizada. Vale lembrar que é necessário ter o cuidado de não esquecer de colocar o caminho completo do(s) pacote(s). Por exemplo:

rpm -ivh /home/marco/pacotes/squidxxxxxxxxxxxxx.rpm

rpm -i /home/marco/pacotes/squidxxxxxxxxxxxxx.rpm

Comandos Linux: Prático e didático

Somente com a opção –i não será mostrado nada e esta maneira é muito utilizado em scripts quando é mandado instalar um pacote e não queremos que apareça algo na tela.

rpm -Uvh nome-do-pacote.rpm

Atualiza o pacote especificado, que no caso já está instalado.

rpm –Va

Faz uma verificação em todos os pacotes instalados no sistema, retornando algo parecido com:

```
 mc - /home                                              _ □ ×
S.5....T c /etc/ppp/pppoe.conf                              ▲
.......T c /usr/share/mc/mc.ini
.M......   /sys
S.5....T c /etc/apt/sources.list
S.5....T c /etc/rc.d/rc.local
S.5....T c /etc/kernel-postinstall.conf
S.5....T c /etc/ppp/chap-secrets
S.5....T c /etc/ppp/pap-secrets
S.5....T c /etc/krb5.conf
S.5....T c /etc/ssh/sshd_config
[root@firewall home]# ▌                                     ▼
```

A seguir uma lista das opções, ou melhor, das legendas exibidas:

.	Teste executado
c	Este é um arquivo de configuração
5	checksum MD5 falhou
S	O tamanho do arquivo é diferente
L	Link simbólico foi modificado
T	Hora de modificação do arquivo foi alterada
D	Arquivo de dispositivo está modificado
U	O usuário que possui o arquivo foi alterado

G O Grupo que possui o arquivo foi alterado

M As permissões e/ou tipo de arquivo foram modificados

A opção –f, de file, ajuda a descobrir a qual pacote pertence, por exemplo, o arquivo cron.d. Poderíamos, então, usar o comando conforme a próxima figura:

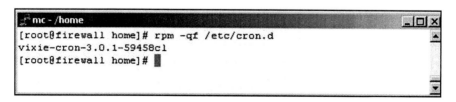

Para listar os arquivos, inclusive os diretórios, que fazem parte de um pacote, use:

rpm -ql gpm

Seria mostrado algo parecido com a próxima figura:

```
mc - /home
/etc/gpm-root.conf
/etc/rc.d/init.d/gpm
/usr/bin/disable-paste
/usr/bin/gpm-root
/usr/bin/hltest
/usr/bin/mev
/usr/bin/mouse-test
/usr/lib/libgpm.so.1.19.0
/usr/sbin/gpm
/usr/share/info/gpm.info.gz
/usr/share/man/man1/gpm-root.1.gz
/usr/share/man/man1/mev.1.gz
/usr/share/man/man1/mouse-test.1.gz
/usr/share/man/man7/gpm-types.7.gz
/usr/share/man/man8/gpm.8.gz
[root@firewall home]#
```

Comandos Linux: Prático e didático

Dicas:

Quando houver dependências, tente instalar primeiro o que está sendo solicitado, um pacote, biblioteca etc.

Caso já tenha todos os pacotes, instale-os juntos, como, por exemplo:

```
# rpm -i /home/marco/pacote1.rpm /home/
marco/pacote2.rpm
```

---

rsh

De "remote shell". Faz uma conexão a uma máquina remota usando o login e a senha da sessão corrente.

Sintaxe: rsh host

Exemplos:

rsh 192.168.0.1

Inicia uma conexão com o host especificado.

rsh -l marco 192.168.0.1

Inicia uma conexão com o host especificado, sendo o usuário marco.

runlevel

Mostra os níveis de execução anterior e corrente. Runlevel é o modo de operação do Linux, e o padrão está definido no arquivo /etc/inittab.

Sintaxe: runlevel

Exemplo:

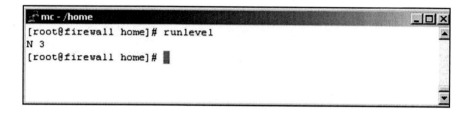

rup

Mostra o status de um sistema remoto.

Sintaxe: rup host

ruptime

Informações sobre máquinas da rede local.

rusers

Mostra os hosts conectados na rede.

rwho

Mostra os usuários conectados na rede.

rx

Comando antigo, utilizado para recebimento de arquivos usando protocolos, tais como, Zmodem, Ymodem, ou Xmodem.

S

CAPÍTULO

segundo plano

O & serve para rodar qualquer comando em segundo plano, ou seja, o & depois de qualquer comando informa ao sistema para executar o comando em segundo plano.

Ao inserir um serviço em segundo plano, o usuário pode então continuar usando o terminal, mas se o comando tiver de ser executado em primeiro plano, o usuário não poderá usar o terminal até que o processo finalize.

Sintaxe: comando &

scp

De "secure copy". Faz cópia segura de arquivos entre máquinas, usando a conexão ssh. O scp é muito usado, principalmente, em casos de back-up.

Sintaxe: scp *origem destino*

Os parâmetros de *origem* e *destino* são semelhantes ao do comando cp, mas possuem um formato especial quando é especificada uma máquina remota:

- Um caminho padrão - Quando for especificado um arquivo local. Por exemplo: /home/marco/arquivo.txt.

- usuario@host_remoto:/diretório/arquivo - Quando desejar copiar o arquivo de/para um servidor remoto usando sua conta de usuário.

Exemplos:

Vamos copiar o arquivo teste1 que está em /home para o micro 192.168.0.1, para /home com o nome de teste1. Então digitamos:

scp /home/teste 192.168.0.1:/home/teste1

Caso retorne:

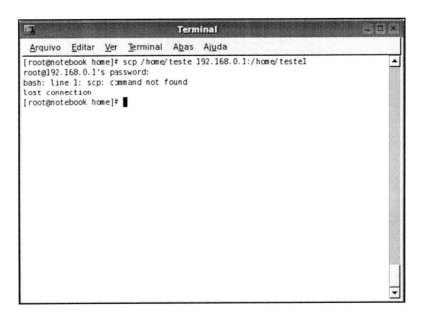

Não funcionou. Verifique se no micro 192.168.0.1 estão instalados todos os pacotes a seguir:

openssh
openssh-clients
openssh-server

Principalmente o openssh-clients, pois o erro mostrado é comum quando não se instala este pacote.

Caso contrário, deverá ter retornado:

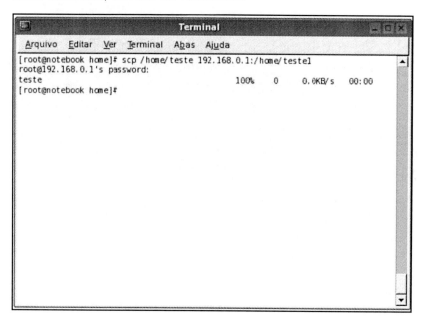

Conforme mostrado na figura anterior, o arquivo teste foi copiado para o micro 192.168.0.1 com o nome teste1.

Vamos copiar o arquivo /etc/ssh/sshd_config que está no server (192.168.0.1) para um outro, como, por exemplo, micro 192.168.0.10 para /home com o mesmo. Então digitamos:

scp 192.168.0.1:/etc/ssh/sshd_config /home/sshd_config

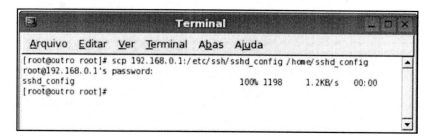

Conforme mostra a figura anterior, o comando foi digitado e o arquivo foi copiado.

Bem, até aqui já vimos como se conectar e copiar arquivos remotamente. Com isso já poderemos até montar um script para efetuar back-up de um micro para o outro.

Você teve ter percebido, nos dois exemplos anteriores, usando o scp, que quando executamos, o mesmo nos pede uma senha. Desta maneira ficaria difícil montar um script de back-up, pois quando o mesmo fosse rodar, quem iria digitar a senha? Não seria muito prático. Vamos agora saber como executar o scp sem que seja solicitada a senha.

Autenticações do tipo DSA e RSA têm prioridade sobre a digitação de senha e são tentadas primeiramente. Se for necessário usar um protocolo específico (por exemplo, o servidor remoto pode usar uma versão de SSH mais antiga que a sua), deve ser gerado o par de chaves para a versão correta.

Configurando: Estando no micro cliente, por exemplo, vamos gerar as chaves privada e pública. O cliente deverá colocar sua chave pública em todos os micros que desejar acessar; neste nosso exemplo, apenas em um, no server. Estando no micro cliente e no diretório /root/.ssh, digite:

```
# ssh-keygen -t rsa -f id_rsa
```

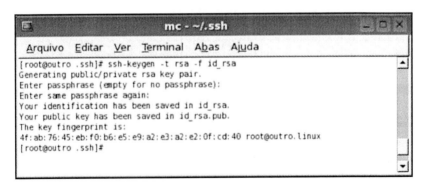

Após a digitação do comando acima e analisando a figura, foi pedido para inserir uma frase, na qual deverá apenas ser teclado o <ENTER> nas duas solicitações, e após foram geradas as chaves. Além do arquivo know_hots que já existia, podemos ver os novos arquivos que estão neste diretório, conforme mostra a figura:

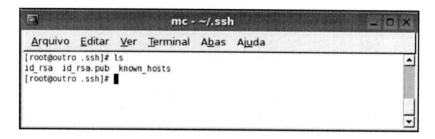

O arquivo id_rsa.pub, que é a nossa chave pública, deverá ser copiado para o micro onde está rodando o serviço de ssh. Além de copiá-lo, devemos mudar seu nome. Digite:

scp id_rsa.pub root@192.168.0.1:/root/.ssh/authorized_keys

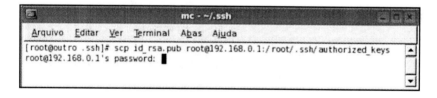

Informe a senha do root do micro server, conforme mostra a figura anterior.

Se após a digitação da senha acontecer um desses dois casos:

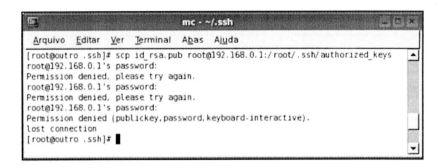

Verifique se o root pode se logar no arquivo sshd_config.

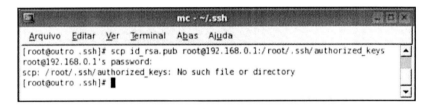

O diretório /root/.ssh não existe, então crie-o no server.

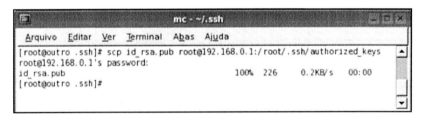

Com este comando, copiamos o arquivo id_rsa.pub para o micro 192.168.0.1 para o diretório /root/.sshd/ com o nome authorized_keys.

Após esta configuração, vamos efetuar um teste com o scp para verificar se não será solicitada a senha. Digite:

scp /home/sshd_config 192.168.0.1:/home/sshd_config

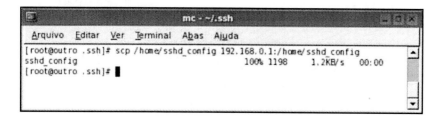

Como podemos verificar na figura, o arquivo foi copiado e não foi solicitada uma senha. A partir de agora, você poderá se logar ou efetuar cópia e não mais será solicitada uma senha.

scripts

Shell script é uma linguagem de programação de scripts do Linux. É bastante útil para nós que somos administradores de redes, principalmente para facilitar a realização de inúmeras tarefas administrativas no Linux ou até mesmo criar pequenos programas. Uma facilidade que torna a programação ainda mais eficiente e fácil de se entender são as funções. O básico do shell script começa com #!/bin/bash dentro de um arquivo que pode ter a extensão que se desejar, desde que no início do arquivo haja o caminho para o interpretador. De uma maneira bem resumida, um script é um arquivo de lote, contendo comandos do Linux, que são interpretados pelo Shell.

Os scripts não precisam ser compilados, bastando apenas criar um arquivo texto e inserir os comandos desejados.

Os shell mais conhecidos:

SH (Bourne Shell):

Shell original do Unix, porém com recursos muito limitados.

CSH (C Shell):

Shell desenvolvido para permitir um conjunto de comandos e ambientes de script derivado da linguagem C.

KSH (korn Shell):

O primeiro shell a introduzir recursos avançados, sendo considerado o mais popular em sistemas Unix.

BASH (Bourne Again Shell):

Shell padrão em distribuições Linux, uma implementação do SH, com recursos avançados, tais como edição de linha de comando, histórico de comandos e término de nomes de arquivos e/ou diretórios.

Para verificar o shell atual, digite:

echo $SHELL

Deverá retornar algo parecido com:

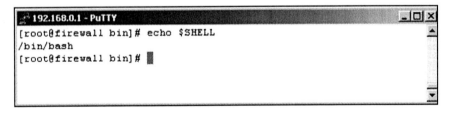

Neste caso, o shell usado é o Bash.

Para os arquivos, de scripts, a extensão não importa, mas a primeira linha deve começar por:

#!/bin/bash

A próxima figura mostra o começo de um arquivo, ou melhor, de um script. Repare na primeira linha:

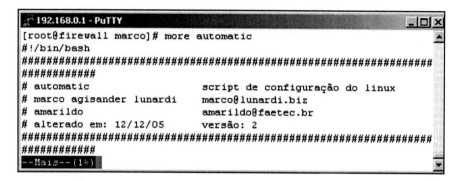

Para que o arquivo seja executável, ainda é necessário dar permissão ao mesmo, o que é feito com o comando chmod. Por exemplo:

Acabei de criar o arquivo teste99. Veja as permissões dele:

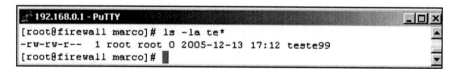

Para torná-lo executável, eu poderia usar:

chmod +x teste99

Ficando as permissões assim:

```
192.168.0.1 - PuTTY
[root@firewall marco]# ls -la te*
-rwxrwxr-x  1 root root 0 2005-12-13 17:12 teste99
[root@firewall marco]#
```

ou

chmod 700 teste99

312 | *Comandos Linux: Prático e didático*

Ficando as permissões assim:

```
192.168.0.1 - PuTTY                                          _ □ X
[root@firewall marco]# ls -la te*
-rwx------  1 root root 0 2005-12-13 17:12 teste99
[root@firewall marco]#
```

ou

```
# chmod 770 teste99
```

Bem, isso vai depender de como serão as permissões do arquivo, ou melhor, de quem poderá executar o arquivo. Caso haja dúvidas, veja o item permissões.

Exemplo de um script:

```
#!/bin/bash
# este é um exemplo de arquivo, aqui coloco comentários
cp /home/teste /home/teste2
```

Na primeira linha do script está o Shell a ser utilizado. Depois temos uma linha de comentário, seguida de uma linha de comando. A partir daí é possível colocar os comandos que são utilizados no prompt do Linux, incluindo os parâmetros como if, while e outros. Utilize o # para inserir linhas de comentário.

Para executar um script, é necessário o uso do (./) antes do nome do arquivo e deve estar no mesmo diretório onde está o arquivo. Exemplo:

Tenho o arquivo teste99, contendo:

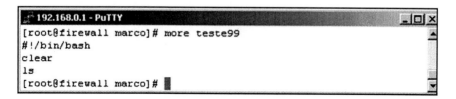

Para executá-lo, é necessário estar no mesmo diretório e digitar:

\# ./teste99

Ou também posso colocar o arquivo no diretório /sbin. Dessa maneira é possível executar o arquivo em qualquer diretório, sem a necessidade de colocar o ./ antes do nome. Basta digitar:

\# teste99

Um exemplo:

```
#!/bin/bash

echo "1. Incluir"
echo "2. Excluir"
echo "3. Consultar"
echo
echo -n "Selecione a opção: "
read resp
```

314 | *Comandos Linux: Prático e didático*

O retorno da execução deste arquivo seria:

1. Incluir
2. Excluir
3. Consultar

Selecione a opção:

Com a opção –n, o cursor ficaria logo após o ":".

Podemos usar muitos (variados) comandos dentro de um script, não esquecendo os de controle, que são: if, case, for, while e until. E para eles ainda temos algumas opções:

Opções para o '[   ]'

Testes em arquivos

-b

É um dispositivo de bloco.

-c

É um dispositivo de caractere

-d

É um diretório.

-e

O arquivo existe.

-f

É um arquivo normal.

Comandos Linux: Prático e didático | 315

-g

O bit SGID está ativado.

-G

O grupo do arquivo é o do usuário atual.

-k

O sticky-bit está ativado.

-L

O arquivo é um link simbólico.

-O

O dono do arquivo é o usuário atual.

-p

O arquivo é um named pipe.

-r

O arquivo tem permissão de leitura.

-s

O tamanho do arquivo é maior que zero.

Comandos Linux: Prático e didático

-S

O arquivo é um socket.

-t

O descritor de arquivos N é um terminal.

-u

O bit SUID está ativado.

-w

O arquivo tem permissão de escrita.

-x

O arquivo tem permissão de execução.

-nt

O arquivo é mais recente.

-ot

O arquivo é mais antigo.

-ef

O arquivo é o mesmo.

Testes em variáveis – Comparação Numérica

-lt

    É menor que.

-gt

    É maior que.

-le

    É menor ou igual.

-ge

    É maior ou igual.

-eq

    É igual.

-ne

    É diferente.

    Testes em variáveis – Comparação de Strings

=

    É igual.

!=

    É diferente.

318 | *Comandos Linux: Prático e didático*

-n

Não é nula.

-z

É nula.

Testes em variáveis – Operadores Lógicos

!

NÃO lógico (NOT)

-a

E lógico (AND)

-o

OU lógico (OR)

Exemplos com opções [ ]:

```
if [ -e /home/teste1 ]
   then
        echo "O arquivo existe"
else
   echo "O arquivo não existe"
fi
```

```
if [ ! -d /home/sistema ] ; then
   echo "O diretório não existe"
```

```
     mkdir  /home/sistema
else
     echo  "O diretório já existe"
fi



if  [ -s /home/teste1 ]
   then
        echo  "O arquivo é maior que 0"
else
        echo  "O arquivo é igual a 0"
fi



if  [ -e /home/teste1 ]
   then
        if  [ -s /home/teste1 ]
        then
        echo  "O arquivo existe e é maior que 0"
   else
        echo  "O arquivo existe e é igual a 0"
   fi
else
     echo  "O arquivo não existe"
fi
```

sed

O comando sed lê da entrada padrão, sendo uma linha por vez e, para cada linha, é executada uma série de comandos de edição. e então, a linha é escrita na saída padrão, podendo ser na tela ou num arquivo. Seria possível escrever um capítulo somente para o comando sed, mas vou tentar resumir e expor o mais importante.

Para começar a ficar mais claro, aqui está um exemplo, antes a sintaxe:

sed s/será_substituído/nova_substituição/g arquivo_original > arquivo_novo

O comando:

sed s/claro/escuro/g teste1 > teste2

Neste comando, todas as palavras "claro" do arquivo teste1 foram trocadas por "escuro", sendo esta alteração executada somente no arquivo teste2, ou seja, nada foi modificado no arquivo teste1.

Na prática, veja o conteúdo do arquivo teste1, conforme a próxima figura:

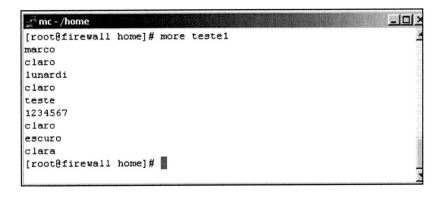

Agora, digitando o comando:

sed s/claro/escuro/g teste1 > teste2

E, por último, vendo o conteúdo do novo arquivo, conforme a próxima figura:

Comandos Linux: Prático e didático | 321

```
mc - /home
[root@firewall home]# more teste2
marco
escuro
lunardi
escuro
teste
1234567
escuro
escuro
clara
[root@firewall home]#
```

Agora vamos a outros exemplos:

```
# sed -i "s/escuro/claro/g" teste2
```

Neste exemplo, estaremos alterando as palavras "escuro" para "claro" do arquivo teste2, mas, diferentemente do exemplo anterior, iremos fazer as alterações no próprio arquivo, o que é possível com a opção –i.

Usando o arquivo que foi alterado anteriormente, o teste2, veja como ficou seu conteúdo agora, conforme a próxima figura:

```
mc - /home
[root@firewall home]# more teste2
marco
claro
lunardi
claro
teste
1234567
claro
claro
clara
[root@firewall home]#
```

```
# sed -i.bak "s/claro/amarelo/g" teste2
```

Neste exemplo, estaremos alterando as palavras "claro" para "amarelo" do arquivo teste2. O arquivo teste2 será alterado e também será criado um arquivo, o teste2.bak, com o conteúdo antigo, ou seja, um back-up, isso com a opção –i.bak.

Vamos apagar a primeira linha. Primeiro veja o conteúdo do arquivo teste1, conforme a próxima figura:

```
[root@firewall home]# more teste1
marco
claro
lunardi
claro
teste
1234567
claro
escuro
clara
[root@firewall home]#
```

E executando o comando:

sed -i 1d teste1

Com isso, a primeira linha foi apagada (opção 1d) e no próprio arquivo (opção –i). Veja na próxima figura o conteúdo do arquivo:

```
[root@firewall home]# more teste1
claro
lunardi
claro
teste
1234567
claro
escuro
clara
[root@firewall home]#
```

Ainda é possível fazer a exclusão da linha sem ser no próprio arquivo, e sim num outro, como, por exemplo:

sed 1d teste1 > teste2

Comandos Linux: Prático e didático | **323**

Para eliminar a terceira linha:

```
# sed -i 3d teste1
```

Para eliminar uma faixa de linhas, por exemplo da 2ª até a 4ª, veja antes o conteúdo do arquivo teste1:

```
 mc - /home                                          _ □ ×
[root@firewall home]# more teste1
linha1
linha2
linha3
linha4
linha5
marco
lunardi
1234567
[root@firewall home]#
```

Agora o comando:

```
# sed -e "2,4d" teste1 > teste2
```

E o conteúdo do arquivo teste2:

```
 mc - /home                                          _ □ ×
[root@firewall home]# more teste2
linha1
linha5
marco
lunardi
1234567
[root@firewall home]#
```

E para apagar as mesmas linhas no mesmo arquivo:

```
# sed -i "2,4d" teste1
```

324 | Comandos Linux: Prático e didático

Já vimos como fazer a troca, ou melhor, a alteração de palavras, mas, para trocar caracteres especiais, é necessário acrescentar uma barra (\ ) antes do caracter especial, como, por exemplo, para alterar todos os pontos(.) por asterísticos (*). Antes, veja o conteúdo do arquivo teste1:

```
mc - /home                                                    _ □ x
[root@firewall home]# more teste1
linha1...
linha2....
linha3.....
linha4
linha5..
[root@firewall home]#
```

Agora o comando:

```
# sed -e "s/\./*/g" teste1 > teste2
```

E o conteúdo do arquivo teste2:

```
mc - /home                                                    _ □ x
[root@firewall home]# more teste2
linha1***
linha2****
linha3*****
linha4
linha5**
[root@firewall home]#
```

Neste outro exemplo, quando a linha /etc/internet é achada, a mesma é apagada e depois é inserida uma nova linha com /etc/firewall.sh, tudo isso no arquivo /etc/rc.d/rc.local, conforme o comando:

```
# sed -i "/\/etc\/internet/ s/^.*$/\/etc\/firewall.sh/
" /etc/rc/d/rc.local
```

Agora vamos ver o processo por partes:

- −i − faz as alterações no próprio arquivo.

Comandos Linux: Prático e didático | **325**

- /\etc\internet/ – será apenas localizada a expressão /etc/ internet. Perceba que foi usada uma barra (\ ) antes dos caracteres especiais, ou seja, as duas barras (/ /). Para melhor entendimento, primeiro a nossa expressão deve estar entre as barras / /, ou seja /minha_expressão/ e, como a expressão /etc/internet contém como caracter especial as duas barras, devemos usar a outra barra antes dos caracteres especiais, ficando assim: /\etc\internet/
- s – a opção do sed que serve para fazer substituição.
- /^.*$/ – toda a linha que foi achada anteriormente será apagada.
- /\etc\firewall.sh/ – o que será inserido na linha que foi apagada. Perceba que a primeira barra deste item é a última do item anterior.
- /etc/rc/d/rc.local – e, por último, o arquivo que será modificado.

Para melhorar o entendimento do exemplo anterior, vejamos um outro parecido, sendo que neste será localizada no arquivo pppoe.conf a linha que começa com a expressão /ETH=, que quando achada será apagada e substituída por ETH=$VARIAVEL, conforme o comando:

```
# sed -i "/ETH=/ s/^.*$/ETH=$VARIAVEL/" > pppoe.conf
```

Neste próximo exemplo, usando o arquivo /etc/apache/configura.conf, serão listadas todas as linhas que não comecem com o caracter #, e as mesmas serão direcionadas (o pipe) para o comando sed, que, neste caso, não irá exibir as linhas em branco:

```
# grep -v ^# /etc/apache/configura.conf | sed -e '/^$/d'
```

326 | *Comandos Linux: Prático e didático*

Remove comentários e linhas em branco do arquivo teste9:

```
# sed '/ *#/d; /^ *$/d' teste9
```

Substitui EU por VOCE do arquivo teste8 no arquivo teste10:

```
# sed 's/EU/VOCE/g' teste8 > teste10
```

Transforma arquivos DOS para Unix, ou melhor, aqueles arquivos que as linhas terminam com ^M. Neste exemplo, o arquivo é o bloqueado.txt:

```
# sed -i 's/.$//' bloqueado.txt
```

Procura a linha 45 23 * * * root /home/sistema/verlogs1.sh no arquivo /etc/crontab e a apaga:

```
# sed -i "/45 23 \* \* \* root \/home\/sistema\/
verlogs1.sh\.sh/ s/^.*$/ /" /etc/crontab
```

Algumas expressões regulares usadas:

^	começo de linha
$	fim de linha
.	qualquer caracter simples (apenas um)
(caracter)*	qualquer ocorrência, em qualquer quantidade, de (caracter)
(caracter)?	com zero ou uma ocorrência de (caracter)
[abcdef]	com qualquer caracter dentro dos [ ]
[^abcdef]	com qualquer caracter NÃO incluído em [ ]
(caracter)\{m,n\}	com m-n repetições de caracter
(caracter)\{m,\}	com m ou mais repetições de caracter
(caracter)\{,n\}	com n ou menos repetições de caracter
(caracter)\{n\}	com exatamente n repetições de caracter

Comandos Linux: Prático e didático | **327**

\(expressão\)   operador de grupo.

\n   Backreference - com o n-ésimo grupo

expressão1
\|expressão2   com expressão1 ou expressão2.

separador de comandos

Como o próprio nome diz, servem para separar comandos numa
mesma linha e são:

;

; \

Exemplos:

cp teste3 teste4; ls

Faz uma cópia do arquivo teste3 para o teste4 e depois lista o
diretório, conforme a próxima figura:

```
192.168.0.1 - PuTTY                                    _|□|×
[root@firewall home]# cp teste3 teste4; ls
desliga      marco   teste1   teste2.bak   teste4
lost+found   teste   teste2   teste3
[root@firewall home]#
```

cp teste3 teste4;\
ls

Primeiramente, os comandos são digitados e depois são executados. Este exemplo é igual ao anterior, sendo diferente apenas no
separador de comandos. Veja a próxima figura:

```
192.168.0.1 - PuTTY                                    _|□|×
[root@firewall home]# cp teste3 teste4;\
> ls
desliga      marco   teste1   teste2.bak   teste4
lost+found   teste   teste2   teste3
[root@firewall home]#
```

service

Verifica o status corrente dos serviços, além de iniciar, parar e restartar.

Sintaxe: service serviço opção

Exemplos:

service network restart

    Reinicia a rede.

service smb stop

    Pára o service do Samba. Para iniciar, simplesmente execute:

    # service smb start

service —status-all

    Lista o status de todos os serviços, conforme a próxima figura:

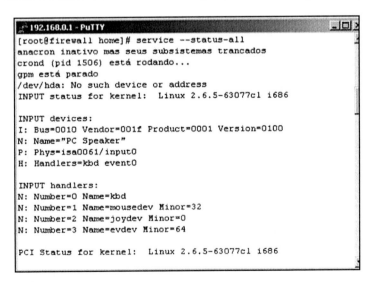

set

Mostra a lista das variáveis do ambiente de um usuário. Para ver o valor de uma determinada variável, use o comando printenv.

Sintaxe: set

Exemplo:

```
# set
```

Deverá aparecer algo parecido com:

```
192.168.0.1 - PuTTY                                         _ □ x
[root@firewall home]# set
BASH=/bin/bash
BASH_ENV=/home/marco/.bashrc
BASH_VERSINFO=([0]="2" [1]="05b" [2]="0" [3]="1" [4]="release"
[5]="i686-pc-linux-gnu")
BASH_VERSION='2.05b.0(1)-release'
COLUMNS=62
DIRSTACK=()
EDITOR=/usr/bin/vi
EUID=0
GROUPS=()
HISTFILE=/root/.bash_history
HISTFILESIZE=1000
HISTSIZE=1000
HOME=/root
HOSTNAME=firewall.rede
HOSTTYPE=i686
IFS=$' \t\n'
INPUTRC=/etc/inputrc
LANG=pt_BR
LC_COLLATE=POSIX
```

setclock

Ajusta o relógio (data e hora) do micro conforme o que está configurado no sistema.

Sintaxe: setclock

setfont

Muda o tipo da fonte no console

Sintaxe: setfont nome_da_fonte

330 | *Comandos Linux: Prático e didático*

Exemplo:

```
# setfont acme.fnt
```

As fontes ficam no diretório /usr/lib/kbd/consolefonts.

setserial

Exibe ou modifica as definições de uma porta serial.

Sintaxe: setserial opção device outros

Se o comando for executado sem opção, serão informados o tipo, o número e a velocidade da porta do equipamento especificado.

No entanto, device é a serial e normalmente possui o formato /dev/cua0.

Opções:

-a:

Lista as informações sobre a serial.

-b:

Lista resumo das informações sobre o equipamento.

Parâmetros:

baud_base n:

Define o valor da velocidade da porta.

irq n:

Define o valor da interrupção da porta.

Comandos Linux: Prático e didático | 331

port n:

Define o valor da porta de I/O do equipamento.

uart tipo:

Define o tipo do equipamento, que poderia ser: none (desabilita a porta), 8250, 16450, 16550, 16550A, 16650, 16650V2, 16654, 16750, 16850, 16950 ou 16954.

Exemplos:

setserial -a /dev/cua0

Lista informações do cua0.

setserial /dev/cua0 irq 4

Define a IRQ 4 para o cua0.

setserial /dev/cua0 port 0x03f8 irq 4

Ajusta a porta serial para uma definição não default.

setterm

Configura atributos do terminal, no modo texto.

Sintaxe: setterm opção

Opções:

-background:

Altera a cor de fundo do terminal.

332 | *Comandos Linux: Prático e didático*

-blank valor:

Configura a proteção de tela em minutos, e o valor pode variar de 0 a 60. Quando configurado para 0, a proteção de tela é desativada.

-foreground:

Altera a cor da fonte.

-reset:

Coloca o terminal na condição de recém-ligado.

-store:

Passa a assumir as opções definidas no comando como padrão.

As cores disponíveis são:

- black
- red
- green
- yellow
- blue
- magenta
- cyan
- white
- default

Comandos Linux: Prático e didático | 333

Exemplos:

setterm –blank 10

Configura a proteção de tela no console para 10 minutos.

setterm -store -background blue

Altera para a cor azul o fundo do terminal.

setup

Um aplicativo para configuração do mouse, placa de som, teclado, X-windows etc.

sfdisk

Lista a tabela de partições.

Sintaxe: sfdisk opção dispositivo

Algumas opções:

-l: (letra éle minúsculo)

Lista partições de cada dispositivo.

-s:

Lista o tamanho de uma partição.

-x:

Lista, inclusive, partições estendidas.

334 | *Comandos Linux: Prático e didático*

Exemplos:

```
# sfdisk -s
```

```
192.168.0.1 - PuTTY
[root@firewall marco]# sfdisk -s
/dev/sda:   8965347
total: 8965347 blocos
[root@firewall marco]#
```

```
# sfdisk -l
```

```
192.168.0.1 - PuTTY
[root@firewall marco]# sfdisk -l

Disco /dev/hda: 77545 cilindros, 16 cabeças, 63 setores/trilha
Warning: The partition table looks like it was made
  for C/H/S=*/255/63 (instead of 77545/16/63).
For this listing I'll assume that geometry.
Unidades = cilindros de 8225280 bytes, blocos de 1024 bytes, cont
ando a partir de 0

   Device Boot Start      End   #cyls   #blocks   Id  System
/dev/hda1           0+     15     16-    128488+   82  Linux swap
/dev/hda2      *    16    2565   2550   20482875   83  Linux
/dev/hda3         2566    4864   2299   18466717+  83  Linux
/dev/hda4            0      -       0          0    0  Vazia
[root@firewall marco]#
```

No exemplo anterior, simplesmente somando o tamanho dos "blocks", podemos perceber que o HD é de 40 GB.

Agora teremos um exemplo usado num script, onde a variável CIL recebe a seqüência do comando sfdisk, juntamente com o egrep e o awk:

```
CIL=`sfdisk -l /dev/hda | egrep "Unidades|Units" | awk
'{print $5}'`
SWAP=134217728
BARRA=3221225472
NOVO_SWAP=`expr $SWAP / $CIL`
NOVO_BARRA=`expr $BARRA / $CIL`
```

```
echo " "
echo "Cilindros = "$CIL
echo "SWAP      = "$SWAP
echo "Barra     = "$BARRA
echo "Nono Swap = "$NOVO_SWAP
echo "Novo Barra= "$NOVO_BARRA
echo " "

sfdisk /dev/hda << EOF
,$NOVO_SWAP,82,
,$NOVO_BARRA,83,
,,83
EOF
```

sftp

Cópia segura de arquivos entre máquinas.

sg

Executa um comando com outra identificação de grupo.

Veja o comando newgrp

Sintaxe: sg - *grupo comando*

Se usado o (-), inicia-se um novo ambiente durante o uso do comando.

shell

Interpretador de comandos, ou seja, os comandos executados são interpretados pelo Shell, e esses comandos podem estar embutidos ou não no shell.

Existem vários shells para Linux e, para saber qual é o seu shell padrão, ou o que está usando, use o comando printenv.

```
# printenv SHELL
```

Deverá retornar algo parecido com:

```
192.168.0.1 - PuTTY
[root@firewall marco]# printenv SHELL
/bin/bash
[root@firewall marco]#
```

Neste caso, estou usando o bash.

Veja também: scripts

showkey

Mostra os códigos de varredura e os de tecla gerados.

Opções:

-k:

Mostra os códigos de tecla.

-s:

Mostra os códigos de varredura.

Após a execução deste comando, o mesmo permanece ativo 10 segundos após a última tecla ser pressionada.

shutdown

Desliga ou reinicia o sistema.

Veja também: init

Exemplos:

shutdown –h now

Desliga o micro.

shutdown – r now

Reinicia o micro.

shutdown –h +1

Desliga o micro após um minuto.

shutdown —c

Cancela um desligamento em andamento.

shutdown -h -t 30 "Servidor sendo desligado em 30 segundos"

Desliga o micro após 30 segundos e envia a mensagem.

Dicas:

- O desligamento pode ser configurado para uma hora específica no formato HH:MM.

- Pode-se também reiniciar usando a combinação das teclas CTRL ALT DEL.

- Criando um usuário, desliga para quando se logar no micro com ele, o mesmo será desligado. Siga este procedimento:

  Crie o usuário desliga:

  ```
  # adduser desliga
  ```

  Defina uma senha para o usuário desliga:

  ```
  # passwd desliga
  ```

  Copie o shutdown de /sbin/shutdown para o diretório /home/desliga:

  ```
  # cp /sbin/shutdown /home/desliga
  ```

  Sete o suid do shutdown que foi copiado:

  ```
  # chmod +s /home/desliga/shutdown
  ```

338 | *Comandos Linux: Prático e didático*

Edite o arquivo.bash_profile

```
# mcedit /home/desliga/.bash_profile
```
e insira, na última linha:

```
[root@firewall marco]# more /home/desliga/.bash_profile
# .bash_profile

# Get the aliases and functions
if [ -f ~/.bashrc ]; then
        . ~/.bashrc
fi

# User specific environment and startup programs

PATH=$PATH:$HOME/bin
BASH_ENV=$HOME/.bashrc
USERNAME=""

export USERNAME BASH_ENV PATH
./shutdown -h now
[root@firewall marco]#
```

```
./shutdown -h now
```

O arquivo deverá estar mais ou menos assim:

Você poderia colocar o exit após a execução do shutdown. Assim, quando houvesse a autenticação do usuário desliga remotamente, o micro seria desligado e já fecharia a tela de conexão.

___

sistemas de arquivos

Veja também: arquivos e diretórios, partições

Os tipos mais comuns de sistemas de arquivos que são reconhecidos pelo Linux são:

- ext: sistema antigo do Linux.

- ext2: sistema mais novo que o ext, também nativo do Linux.
- ext3: sistema mais novo e atual do Linux.
- iso9660: sistema de arquivos do CD-ROOM.
- msdos: sistema de arquivos do DOS.
- nfs: sistema de arquivo remoto NFS.
- proc: sistema de arquivos Linux Process Information.
- swap: sistema de arquivos de troca, o conhecido swap.
- umsdos: sistema de arquivos para suportar arquivos DOS e Linux.
- vfat: sistema de arquivos do Windows.

O arquivo /proc/filesystems contém os sistemas de arquivos que o seu Linux suporta, conforme a próxima figura:

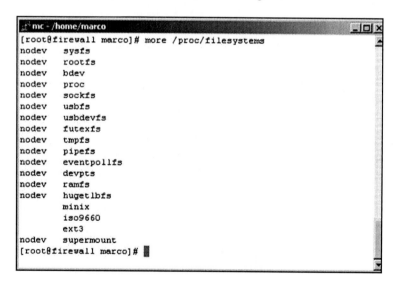

sleep

Pára um processo por um certo tempo. Muito utilizado em scripts, como, por exemplo, quando uma mensagem é enviada para a tela e queremos que a mesma fique estática por 10 segundos.

Sintaxe: sleep tempo

smbpasswd

Usado para adicionar usuários Linux ao Samba. Este comando deve ser executado como usuário root quando se trata de usuários e não do próprio usuário.

Sintaxe: smbpasswd opção usuário senha

Opções:

-a:

Adiciona usuário.

-d:

Desabilita usuário.

-e:

Habilita usuário.

-x:

Deleta usuário.

-s:

Entrada com a senha na linha de comando, útil em scripts.

-U:

Altera a senha.

sndconfig

Permite configurar uma placa de som.

sort

Ordena o conteúdo de um arquivo texto.

Sintaxe: sort opção arquivo

Opções:

-f:

Ignora a diferença entre maiúsculas e minúsculas.

-r:

Inverte a ordem, ou seja, organiza em ordem decrescente.

-b:

Ignora espaços em branco.

-c:

Retorna uma mensagem de erro se o arquivo não estiver ordenado e nenhuma classificação ocorre.

-o arquivo:

Grava o resultado no arquivo especificado.

Exemplos:

Veja o conteúdo do arquivo teste3:

342 | *Comandos Linux: Prático e didático*

```
mc - /home                                          _ □ x
[root@firewall home]# more teste3
10
claro
lunardi
clara
escuro
clara
banana
12
9
7
[root@firewall home]#
```

O comando:

```
# sort teste3
```

Veja o resultado:

```
mc - /home                                          _ □ x
[root@firewall home]# sort teste3
10
12
7
9
banana
clara
clara
claro
escuro
lunardi
[root@firewall home]#
```

O comando:

```
# sort -r teste3
```

Veja o resultado:

```
mc - /home                                          _ □ x
[root@firewall home]# sort -r teste3
lunardi
escuro
claro
clara
clara
banana
9
7
12
10
[root@firewall home]#
```

Comandos Linux: Prático e didático | 343

Dica:

O comando trata o arquivo como um conjunto de caracteres em que a ordem crescente seria: espaços, números, letras maiúsculas [A-Z] e letras minúsculas [a-z].

---

source

Atualiza arquivos do sistema.

Sintaxe: source arquivo

Exemplo:

source .bash_profile

Atualiza o arquivo especificado. É interessante quando se faz alguma alteração neste arquivo, pois, com este comando não é necessário fazer o logoff e login para que sejam executadas as alterações necessárias.

spell

Procura erros de ortografia, da língua inglesa, num arquivo.

split

Divide um arquivo em outros menores.

Sintaxe: split opção arquivo prefixo

Opções:

-b num[bkm]:

Coloca num bytes, kbytes ou Mbytes em cada arquivo.

-l linhas:

Em números de linhas em cada arquivo.

Exemplo:

Antes, veja o conteúdo do arquivo teste1:

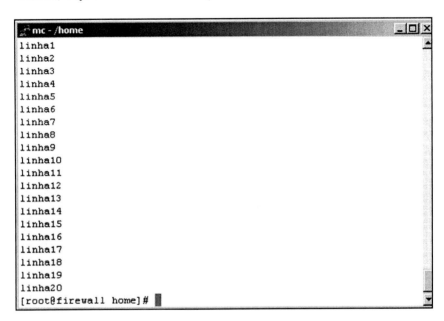

Agora o comando:

```
# split -l 5 teste1 novo
```

Com isso, veja os arquivos criados:

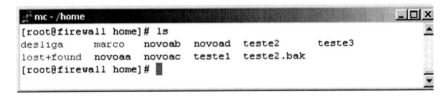

Agora, veja o conteúdo de, por exemplo, os dois primeiros, o novoaa e novoab:

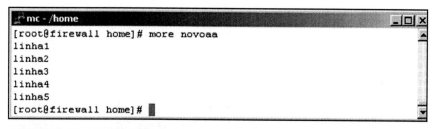

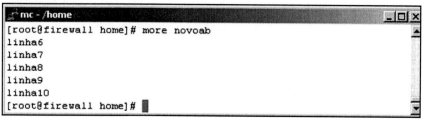

Podemos verificar que, conforme o comando executado, dividimos o arquivo, ou melhor, criamos novos arquivos com o conteúdo dividido do arquivo original especificado.

ssh

O SSH (Secure Shell, ou Shell seguro) é um programa que permite a execução de comandos em uma máquina remota, utilizando para isso um canal de comunicação criptografado, que é uma alternativa mais segura e com mais funcionalidades que o telnet.

A utilização de métodos de criptografia na comunicação entre duas máquinas torna o SSH uma ferramenta bastante útil na administração de máquinas.

SSH apresenta como vantagem uma forma de autenticação mais avançada, podendo utilizar chaves assimétricas. O SSH faz uso do SSL.

O SSH possui várias implantações cliente e servidor, dentre elas ssh, openssh, sftp (Secure FTP). Os clientes são distribuídos para quase todas as plataformas existentes. Neste livro, usei como cliente o programa putty para me conectar e executar os comandos numa máquina Linux. Inclusive, quase todas as telas copiadas são na utilização dele. Veja a próxima tela como exemplo:

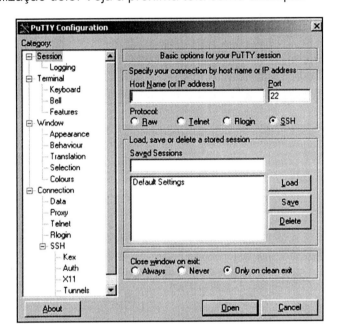

Sintaxe: ssh host

Exemplo:

ssh 192.168.0.1

Para instalação do openssh, siga:

Sendo:

openssh: o aplicativo.
openssh-clients: para você se conectar a partir da máquina.
openssh-server: o servidor de ssh.

Os comandos:

```
# apt-get install openssh
# apt-get install openssh-clients
# apt-get install openssh-server
```

Para instalar apenas como cliente, basta selecionar somente os pacotes openssh-clients e openssh para instalação.

Após a instalação do openssh-server, serão geradas as chaves pública e privada dos "rsa1, das e rsa" em /etc/ssh/.

Conferindo a instalação, digite:

```
# rpm -q openssh openssh-clients openssh-server
```

Deverá ser retornado algo assim:

```
192.168.0.1 - PuTTY                                          _ □ ×
[root@firewall marco]# rpm -q openssh openssh-clients openssh-ser
ver
openssh-3.8.1p1-6O281cl
openssh-clients-3.8.1p1-6O281cl
openssh-server-3.8.1p1-6O281cl
[root@firewall marco]#
```

Configuração

Após a instalação do serviço SSH, os arquivos são criados em /etc/ssh, e lá encontramos o arquivo sshd_config, que é o de configuração geral. Caso tenha instalado o cliente (openssh-clients), também deverá encontrar o arquivo ssh_config.

Abra o arquivo de configuração do servidor:

```
# mcedit /etc/ssh/sshd_config
```

348 | *Comandos Linux: Prático e didático*

Vamos verificar o conteúdo do arquivo sshd_config e explicar algumas opções, lembrando que quando alguma linha começar por #, isto significa que a mesma está comentada, ou seja, não é executada, sendo apenas um comentário.

Port 22

Define a porta a ser utilizada para a conexão. Múltiplas portas podem ser especificadas, mas separadas por espaços.

Protocol 2,1

Define o protocolo a ser utilizado. Quando não é especificado, o protocolo ssh 1 é usado como padrão.

ListenAdress 0.0.0.0

Define o IP do servidor sshd.

HostKey /etc/ssh/ssh_host_key

Localização da chave privada.

KeyRegenerationInterval 3600

Tempo em segundos da expiração da chave

ServerKeyBits 768

Tamanho da chave privada em bits.

Comandos Linux: Prático e didático | 349

SyslogFacility AUTH

Define que serão gerados logs via "syslogd" dos acessos e autenticações.

LogLevel INFO

Define nível de log no "syslogd".

Resumindo as duas opções acima, facilidade e nível das mensagens do sshd que aparecerão no syslogd.

LoginGraceTime 60

Quanto tempo (em segundos) o servidor SSH deve esperar pela autenticação do usuário antes de se desconectar.

PermitRootLogin no

Não permite que o root se logue, e este é o default e interessante para fins de segurança.

StrictModes yes

Checa por permissões de dono dos arquivos e diretório de usuário antes de fazer o login. É muito recomendável para evitar riscos de segurança com arquivos lidos por todos os usuários.

RSAAuthentication yes

O default é yes e permite autenticação usando algoritmo RSA. É usado na versão 1.

350 | *Comandos Linux: Prático e didático*

RhostsAuthentication no

Especifica se somente a autenticação via arquivos ~/.rhosts e /etc/hosts.equiv é suficiente para entrar no sistema. Resumindo, não permite autenticações Rhosts. Não é recomendado, na prática, habilitar com "yes".

IgnoreRhosts yes

Ignora as definições nos arquivos ~/.rhosts e ~/.shosts

RhostsRSAAuthentication no

Não permite autenticação RSA para as definições nos arquivos .rhosts, ou seja, não permite autenticação de Rhosts com RSA

IgnoreUserKnownHosts yes

Ignora ou não os arquivos ~/.ssh/known_hosts quando for usado para a opção RhostsRSAAuthentication. Yes - ignora. No – não ignora.

PasswordAuthentication yes

Permite autenticação usando senhas (serve para ambas as versões 1 e 2 do ssh). O padrão é "yes".

PermitEmptyPasswords no

Se a PasswordAuthentication for usada, permite (yes) ou não (no) login sem senha. O padrão é "no".

O padrão para estas duas opções acima seria a de "Não permite autenticação de usuários com senhas em branco".

Comandos Linux: Prático e didático | 351

ChallengeResponseAuthentication no

Ativa senhas s/key ou autenticação PAM NB interativa. Nenhum destes é compilado por padrão junto com o sshd. Leia a página de manual do sshd antes de ativar esta opção em um sistema que usa PAM.

X11Forwarding yes

Permite (yes) ou não (no) o redirecionamento de conexões X11. A segurança do sistema não é aumentada com a desativação desta opção, outros métodos de redirecionamento podem ser usados.

X11DisplayOffset 10

Especifica o número do primeiro display que será usado para o redirecionamento X11 do ssh. Por padrão é usado o display 10 como inicial para evitar conflito com display X locais.

PrintMotd no

Mostra (yes) ou não (no) a mensagem em /etc/motd no login. O padrão é "no".

PrintLastLog no

Mostra (yes) ou não (no) a mensagem de último login do usuário. O padrão é "no".

352 | *Comandos Linux: Prático e didático*

KeepAlive yes

Permite (yes) ou não (no) o envio de pacotes keepalive (para verificar se o cliente responde). Sua utilização é ideal em conexões que não respondem, mas também pode fechar conexões caso não existam rotas para o cliente naquele momento (é um problema temporário). Habilitada como "no" ,esta opção pode deixar usuários que não tiveram a oportunidade de efetuar o logout do servidor como "permanentemente conectados" no sistema. Esta opção deve ser ativada/desativada aqui e no programa cliente para funcionar.

UseLogin no

Especifica se o programa login é usado para controlar as seções de shell interativo. O padrão é "no".

Compression yes

Habilita compressão de dados durante as transferências de dados.

MaxStartups 10

#MaxStartups 10:30:60

Especifica o número máximo de conexões de autenticação simultâneas feitas pelo daemon sshd. O valor padrão é 10. Valores aleatórios podem ser especificados usando os campos "inicio:taxa:máximo". Por exemplo, 5:40:15 rejeita até 40% das tentativas de autenticação que excedam o limite de 5 até atingir o limite máximo de 15 conexões, quando nenhuma nova autenticação é permitida.

Comandos Linux: Prático e didático | 353

Banner /etc/issue.net

Mostra uma mensagem antes do nome de usuário/senha. Exemplo:

Banner /etc/ssh/arquivo

Arquivo contento um banner com alguma mensagem aos usuários que conectam o servidor SSH.

Subsystem sftp /usr/libexec/sftp-server

Habilita o acesso via FTP seguro.

Iniciando

Para iniciar o serviço:

```
# service sshd start
```

Para parar o serviço:

```
# service sshd stop
```

Para verificar o status do serviço:

```
# service sshd status
```

Ou também desta maneira:

```
# cds
# ./sshd start
```

ou

```
# ./sshd stop
```

Exemplos de conexão

Caso já tenha efetuado alguma conexão e por algum motivo tenha mudado a configuração, como, por exemplo, do micro 192.168.0.100 você já tinha se conectado com o 192.168.0.1, mas formatou e reinstalou todo o sistema no 192.168.0.1, então no micro 192.168.0.100 para gerar uma nova chave, apague a linha onde se refere a conexão com o 192.168.0.1 no arquivo: /root/.ssh/known_hosts ou /home/nome_do_usuário/.ssh/known_hosts.

Na próxima figura é mostrado um erro referente a este problema:

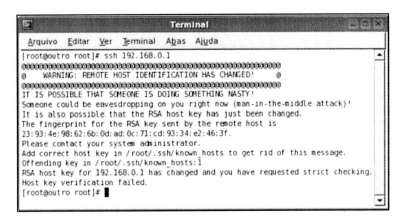

Estando num terminal (console) qualquer, apenas digitando ssh e o IP de onde está rodando o serviço, conforme exemplo a seguir:

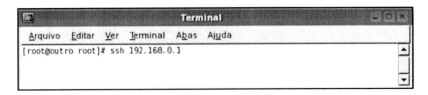

Neste exemplo estamos acessando o micro server de IP 192.168.0.1. Após teclar <ENTER>, é pedido para continuar ou não, devendo-se digitar "yes" ou "no", conforme a figura:

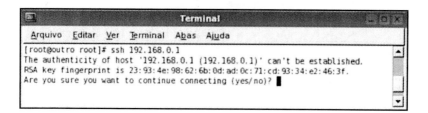

Após digitar yes é pedida a senha do servidor, conforme a figura:

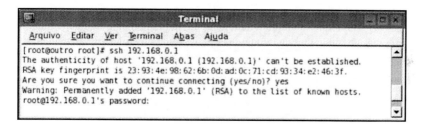

Após inserir a senha, já estará conectado remotamente ao servidor e, a partir daí, basta executar tudo o que for necessário.

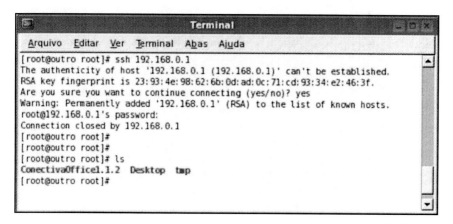

Para sair, digite:

```
# exit
```

356 Comandos Linux: Prático e didático

Também é possível estar logado como root e conectar-se como outro usuário.

Exemplo:

```
# ssh 192.168.0.2 -l marco
```

startx

Inicia uma interface gráfica, ou melhor, o X-windows. Seria como estar no Windows e, no prompt de comando (em DOS) digitar win, quando seria carregado o Windows.

Sintaxe: startx

Exemplos:

startx — :1

Inicia o modo gráfico no console, ou display 1, sendo que o padrão é aberto no 0.

startx — :2

Inicia o modo gráfico no console 2.

startx — :3

Inicia o modo gráfico no console 3.

Comandos Linux: Prático e didático | **357**

Dicas:

- Pode-se ter diversos terminais gráficos rodando ao mesmo tempo.

- Pode-se alternar entre os terminais usando <Ctrl><Alt><F7>, <Ctrl><Alt><F8> etc.

stat

Mostra atributos (informações gerais - inode) de um arquivo.

Sintaxe: stat arquivo

Exemplo:

```
# stat /etc/firewall.sh
```

Será mostrado algo parecido com a próxima figura:

```
192.168.0.1 - PuTTY                                              _ □ x
[root@firewall marco]# stat /etc/firewall.sh
  File: '/etc/firewall.sh'
  Size: 6253              Blocks: 16           IO Block: 4096    arqu
ivo comum
Device: 802h/2050d        Inode: 16169         Links: 1
Access: (0555/-r-xr-xr-x)  Uid: (    0/    root)   Gid: (    0/
   root)
Access: 2005-12-02 10:50:32.176498184 -0200
Modify: 2005-11-16 13:35:41.000000000 -0200
Change: 2005-11-16 13:35:41.000000000 -0200
[root@firewall marco]# █
```

```
# stat /var/log/messages
```

358 Comandos Linux: Prático e didático

```
192.168.0.1 - PuTTY
[root@firewall marco]# stat /var/log/messages
  File: '/var/log/messages'
  Size: 385919          Blocks: 768        IO Block: 4096   arqu
ivo comum
Device: 802h/2050d      Inode: 48339       Links: 1
Access: (0600/-rw-------)  Uid: (    0/   root)  Gid: (    0/
    root)
Access: 2005-12-02 11:29:25.858724560 -0200
Modify: 2005-12-02 11:29:21.282420264 -0200
Change: 2005-12-02 11:29:21.282420264 -0200
[root@firewall marco]#
```

Dica:

Já o arquivo /proc/stat serve para "monitorar" o estado da CPU, conforme a próxima figura:

```
192.168.0.1 - PuTTY
[root@firewall home]# cat /proc/stat
cpu  3491 0 3003 1687543 1577 122 238
cpu0 3491 0 3003 1687543 1577 122 238
intr 17029349 16959768 10 0 0 0 0 2 0 1 28891 0 26969 0 0 1370
8 0 0 0 0 0 0 0 0 0 0 0 0 0 0 0 0 0 0 0 0 0 0 0 0 0 0 0 0 0 0
0 0 0 0 0 0 0 0 0 0 0 0 0 0 0 0 0 0 0 0 0 0 0 0 0 0 0 0 0 0 0
0 0 0 0 0 0 0 0 0 0 0 0 0 0 0 0 0 0 0 0 0 0 0 0 0 0 0 0 0 0 0
0 0 0 0 0 0 0 0 0 0 0 0 0 0 0 0 0 0 0 0 0 0 0 0 0 0 0 0 0 0 0
0 0 0 0 0 0 0 0 0 0 0 0 0 0 0 0 0 0 0 0 0 0 0 0 0 0 0 0 0 0 0
0 0 0 0 0 0 0 0 0 0 0 0 0 0 0 0 0 0 0 0 0 0 0 0 0 0 0 0 0 0 0
0 0 0 0 0 0 0 0 0 0 0 0 0 0 0 0 0 0 0 0 0 0 0 0 0 0 0 0 0 0 0
0 0 0 0 0 0 0 0
ctxt 450510
btime 1135344523
processes 2433
procs_running 1
procs_blocked 0
[root@firewall home]#
```

---

strfile

Cria um arquivo de acesso aleatório para armazenamento de strings, ou seja, um arquivo que contenha frases separadas pelo símbolo de porcentagem (%), sendo este o que o comando lê. Um exemplo do uso de um arquivo criado pelo comando strfile é o aplicativo fortune.

Comandos Linux: Prático e didático | 359

Sintaxe: strfile opção arquivo arquivo_de_saída

Opções:

-o:

As strings serão organizadas em ordem alfabética.

-r:

As strings serão organizadas aleatoriamente.

-c novo_caracter:

Altera o delimitador de % para o novo caracter.

strings

Extrai strings de arquivos binários.

Sintaxe: strings opção arquivo

Opções:

-a:

Verifica todo o arquivo.

-f:

Coloca o nome do arquivo de entrada no início de cada linha de saída.

Exemplo:

strings /bin/bash

Exibe as strings do arquivo especificado.

stty

Mostra e altera, ou melhor, define parâmetros do terminal.

Sintaxe: stty opção

Algumas opções:

-a:

Exibe configuração atual.

-g:

Exibe configuração atual num formato que pode ser usado como argumento para outro comando stty para restaurar as configurações atuais.

sane:

Restaura a configuração padrão no terminal.

Quando da execução do stty sem nenhum argumento, será informada a velocidade de comunicação etc., conforme a próxima figura:

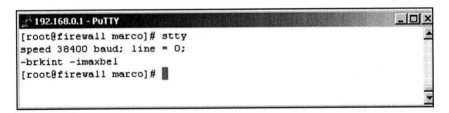

Comandos Linux: Prático e didático | 361

su

Troca o usuário corrente.

Sintaxe: su opção usuário

Exemplos:

su

Troca para o superusuário, ou seja, o root, e também é solicitada a senha do root.

su marco

Troca para o usuário marco. Caso esteja logado como root, não será solicitada a senha, mas, caso esteja logado como outro usuário qualquer, será então solicitada a senha do usuário marco.

A opção –c

Para executar comandos como outro usuário. Por exemplo, estou logado como usuário marco; portanto, não posso executar o adsl-start, conforme a próxima figura:

```
192.168.0.1 - PuTTY                                    _ |□| x
[marco@firewall marco]$ adsl-start
adsl-start: You must be root to run this script
[marco@firewall marco]$ █
```

Poderia então usar o comando su com a opção –c para executar o adsl-start.

```
# su -c adsl-start
```

Seria então solicitada a senha do root e depois executado o comando, conforme a próxima figura:

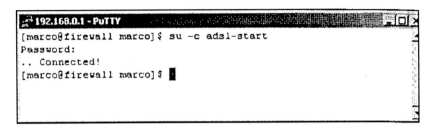

Na verdade, a sintaxe com a opção –c teria o nome do usuário na frente e quando não se coloca, por default, assume que seja o usuário root.

Dicas:

- Digite exit para sair da sessão atual e retornar à sessão anterior.
- Habitualmente, não trabalhe logado como usuário root, e sim com a sua conta.

sudo

Executa um comando usando os privilégios de um outro usuário, sendo que é necessária a autorização no arquivo /etc/sudoers.

Sintaxe: sudo opção comando

Algumas opções:

-l:

Lista os comandos possíveis de serem usados e também os não permitidos.

-u usuário:

Executa o comando com os privilégios do usuário especificado.

Exemplo de parte do arquivo do sudo:

```
makeasy  ALL=NOPASSWD:   /usr/sbin/iptables
makeasy  ALL=NOPASSWD:   /usr/sbin/iptables-save
makeasy  ALL=NOPASSWD:   /usr/sbin/iptables-restore
```

As linhas acima dão permissão para o makeasy, sem a necessidade de senha, a executar o iptables.

SuperProbe

Um utilitário para determinar o tipo de placa de vídeo e a quantidade de memória, da VGA.

SVGATextMode

Altera a resolução de texto num terminal texto.

O modo possível de resolução depende da placa de vídeo e também do monitor.

O arquivo /etc/TextConfig contém algumas configurações de vídeo.

SVGATextMode 80x29x9

Altera a tela de texto para 80 colunas e 29 linhas com caracteres de 9 pixels de altura.

swap

Uma partição do disco usada como memória auxiliar, ou melhor, área de troca, que serve para aumentar a quantidade de memória RAM. Até o kernel 2.1, o tamanho máximo desse tipo de partição era de 128 MB. A partir do kernel 2.2 essa limitação passou a ser de 2 GB. É aconselhável que sempre seja verificada a versão do Linux em uso, assim como a distribuição.

364 | *Comandos Linux: Prático e didático*

Na prática, costuma-se deixar para o swap o dobro do que se tem de memória RAM. Por exemplo, caso tenha 128 MB de memória RAM, configure o swap para 256 MB, mas, obviamente, cada caso é um caso.

swapoff

Desabilita dispositivos e arquivos para paginação e troca.

Sintaxe: swapoff opção

-a:

Desabilita todos os dispositivos marcados com sw em /etc/fstab.

Exemplo:

```
# swapoff /dev/hda2
```

Desabilita a partição /dev/hda2.

swapon

Habilita dispositivos e arquivos para paginação e troca.

Sintaxe: swapon opção

-a:

Disponibiliza todos os dispositivos marcados com "sw" em /etc/fstab.

Exemplo:

```
# swapon /dev/hda2
```

Habilita a partição /dev/hda2.

Comandos Linux: Prático e didático | 365

Dica

Antes de habilitar, deve-se primeiro criar a área de swap.

---

symlinks

Verifica e corrige links simbólicos.

Opção:

-r:

Recursivo

sync

Grava o cache de disco (dados de memória) no disco físico e depois esvazia o cachê de disco. O Linux sempre usa o cache de disco para aumentar a velocidade de processamento quando do uso de arquivos, em disquete ou HD.

Sintaxe: sync

Dica

Sempre após o uso do comando mount/umount, é indicado o uso deste comando.

---

sysctl

Mostra todos os parâmetros configuráveis do Linux.

Exemplos:

sysctl –a

Lista tudo.

sysctl –a | grep net.ipv4

Lista o que contém "net.ipv4", conforme a próxima figura:

```
[root@firewall marco]# sysctl -a | grep net.ipv4
net.ipv4.ip_conntrack_max = 8064
net.ipv4.netfilter.ip_conntrack_generic_timeout = 600
net.ipv4.netfilter.ip_conntrack_icmp_timeout = 30
net.ipv4.netfilter.ip_conntrack_udp_timeout_stream = 180
net.ipv4.netfilter.ip_conntrack_udp_timeout = 30
net.ipv4.netfilter.ip_conntrack_tcp_timeout_close = 10
net.ipv4.netfilter.ip_conntrack_tcp_timeout_time_wait = 120
net.ipv4.netfilter.ip_conntrack_tcp_timeout_last_ack = 30
net.ipv4.netfilter.ip_conntrack_tcp_timeout_close_wait = 60
net.ipv4.netfilter.ip_conntrack_tcp_timeout_fin_wait = 120
net.ipv4.netfilter.ip_conntrack_tcp_timeout_established = 432000
net.ipv4.netfilter.ip_conntrack_tcp_timeout_syn_recv = 60
net.ipv4.netfilter.ip_conntrack_tcp_timeout_syn_sent = 120
net.ipv4.netfilter.ip_conntrack_buckets = 1008
net.ipv4.netfilter.ip_conntrack_max = 8064
net.ipv4.conf.eth0.force_igmp_version = 0
net.ipv4.conf.eth0.disable_policy = 0
net.ipv4.conf.eth0.disable_xfrm = 0
net.ipv4.conf.eth0.arp_ignore = 0
net.ipv4.conf.eth0.arp_announce = 0
net.ipv4.conf.eth0.arp_filter = 0
net.ipv4.conf.eth0.tag = 0
net.ipv4.conf.eth0.log_martians = 0
net.ipv4.conf.eth0.bootp_relay = 0
net.ipv4.conf.eth0.medium_id = 0
net.ipv4.conf.eth0.proxy_arp = 0
net.ipv4.conf.eth0.accept_source_route = 1
net.ipv4.conf.eth0.send_redirects = 1
```

CAPÍTULO T

tac

Concatena e/ou mostra o conteúdo de um arquivo binário ou texto, na ordem inversa, ou seja, iniciando pela última linha.

Veja também: cat

Sintaxe: tac *arquivo*

Exemplo:

Veja o conteúdo do arquivo novoab:

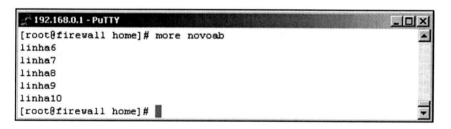

E agora executando o comando:

```
# tac novoab
```

Será mostrado:

```
192.168.0.1 - PuTTY                                _□×
[root@firewall home]# tac novoab
linha10
linha9
linha8
linha7
linha6
[root@firewall home]#
```

tail

Lista a última parte de um arquivo. Por default, as últimas 10 linhas.

Veja também: head

Sintaxe: tail arquivo

Exemplos:

tail /var/log/messages

Irá listar as 10 últimas linhas do arquivo /var/log/messages, conforme a próxima figura:

```
192.168.0.1 - PuTTY                                _□×
[root@firewall home]# tail /var/log/messages
Dec  5 17:58:32 firewall pppd[2543]: Connection terminated.
Dec  5 17:58:32 firewall pppd[2543]: Connect time 12.9 minutes.
Dec  5 17:58:32 firewall pppd[2543]: Sent 161128 bytes, received
 375736 bytes.
Dec  5 17:58:32 firewall pppoe[2544]: read (asyncReadFromPPP): S
ession 52596: Input/output error
Dec  5 17:58:32 firewall pppoe[2544]: Sent PADT
Dec  5 17:58:32 firewall pppd[2543]: Connect time 12.9 minutes.
Dec  5 17:58:32 firewall pppd[2543]: Sent 161128 bytes, received
 375736 bytes.
Dec  5 17:58:32 firewall pppd[2543]: Exit.
Dec  5 17:58:32 firewall adsl-connect: ADSL connection lost; att
empting re-connection.
Dec  5 17:58:32 firewall adsl-stop: Killing adsl-connect
[root@firewall home]#
```

tail -n 5 /var/log/messages

Irá listar as 5 últimas linhas do arquivo /var/log/messages.

Comandos Linux: Prático e didático | 369

tail -f /var/log/squid/access.log

> A opção -f permite uma visualização dinâmica, ou seja, em tempo real. No exemplo acima, o comando irá listar as últimas linhas do arquivo /var/log/messages em tempo real, ou seja, "vai acontecendo" , "vai aparecendo".

tail -50 /var/log/messages > teste

> Copia as últimas 50 linhas do arquivo /var/log/messages para o arquivo teste

talk

Permite conversar via terminal com uma outra pessoa.

Veja também: mseg

Exemplo:

```
# talk usuário
```

Após o talk ser iniciado, será verificado se o usuário pode receber mensagens; em caso positivo, ele enviará uma mensagem ao usuário dizendo como responder ao seu pedido de conversa.

Para aceitar o convite para a conversa, digite:

```
# talk nomedosusuario
```

tar

De "Tape ARchiving". Muito usado para gerar back-up. O comando tar compacta e descompacta arquivos e diretórios.

370 | *Comandos Linux: Prático e didático*

Opções:

-x:

Extrai do arquivo-tar, ou seja, descompacta.

-c:

Cria um novo arquivo-tar, ou seja, compacta.

-p:

Na extração, mantém as permissões do arquivo.

-f:

Indica o nome do arquivo final (que será o arquivo compactado).

-z:

Filtra o arquivo – gzip.

-v:

Mostra a lista de arquivos na extração.

-t:

Lista o conteúdo do arquivo-tar.

-u:

Adiciona somente arquivos com data mais recente que a do arquivo que estiver no arquivo compactado.

Exemplos:

tar -c teste1 teste2 teste3 -f backup1

Gera um back-up dos arquivos teste1, teste2 e teste3 com o nome de backup1.

tar -tf backup1

Lista o conteúdo do arquivo backup1, ou seja, o que foi backupeado.

tar -xf backup1

Restaura o conteúdo do arquivo backup1, ou seja, o que foi backupeado.

tar -zpfx backup1.tar.gz

Restaura o conteúdo do arquivo backup1.tar.gz, mantendo as permissões.

tar -zpfx backup1.tar.gz

Restaura o conteúdo do arquivo backup1.tar.gz, mantendo as permissões e listando-os enquanto extrai.

tar xvf backup_txt diario

Para extrair apenas um determinado arquivo (diário) do backup_txt.

372 | *Comandos Linux: Prático e didático*

Dicas:

- Um diretório também pode ser compactado com o comando tar: bastandoespecificar o nome do diretório no comando de compactação.

- Arquivos que possuem a extensão .tar.gz podem ser descompactados e extraídos com as opções xzvf do comando tar. Isto corresponde a usar o comando gunzip para descompactar o arquivo tar e depois usar o comando tar xvf para extrair os arquivos.

tcpdump

Mostra o tráfego de rede através de uma interface. Uma ferramenta bem crua mas de ótima funcionalidade, sendo possível customizar algumas tarefas.

Exemplo:

```
# tcpdump -i eth0
```

Por exemplo, execute o tcpdump na máquina 192.168.0.2 e na máquina 192.168.0.3 execute o comando ping na máquina 192.168.0.2. Com isso será fácil entender o que está acontecendo.

teclas especiais

No Linux existe um conjunto de teclas com características para diversos usos.

Veja também: atalhos

tee

O retorno de um comando, além de ser mostrado na tela, será gravado num arquivo, ou melhor, irá ler da entrada padrão e gravar na saída padrão.

Sintaxe: tee arquivo

Exemplos:

ls -la | tee teste7

O retorno do comando ls -la, além de ser apresentado na tela, foi incluído no arquivo teste7, ou seja, com o uso do pipe (|).

tee teste1

Toda entrada digitada pelo usuário será mostrada na tela e também gravada no arquivo teste1. Perceba, pela próxima figura, que o que é digitado é repetido na tela, ou seja, mostra na tela uma vez e grava no arquivo. Para sair, pressione CTRL C.

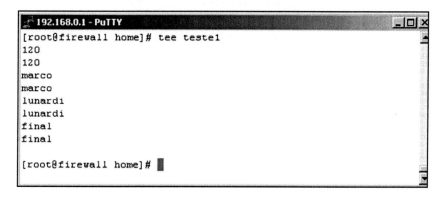

Para acrescentar novos dados de entrada ao final do arquivo teste1, sem que as informações que lá estão sejam apagadas, use:

tee -a teste1

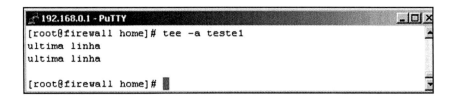

Com isso foi inserido "ultima linha" sem apagar o que já estava lá; Veja na próxima figura o conteúdo do arquivo teste1:

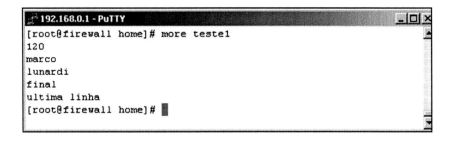

Dica:

Caso o nome de arquivo não seja especificado junto do comando tee, os dados apenas serão exibidos na saída padrão, ou seja, a tela.

telinit

Processo de controle da inicialização do sistema. O telinit recebe um caracter como argumento e sinaliza ao init (processo com ID 1) para executar a ação apropriada.

O arquivo /sbin/telinit é um link simbólico do arquivo /sbin/init, conforme mostra a próxima figura:

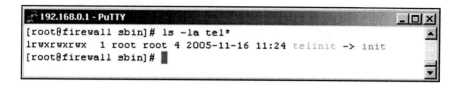

telnet

Permite acesso a um computador remoto, em modo texto, usando, por exemplo, o IP ou nome do host. Após a conexão são solicitados o login e senha.

Sintaxe: telnet máquina

Opções:

-8:

> Requisita uma operação binária de 8 bits.

-a:

> Tenta um login automático, enviando o nome do usuário corrente.

-d:

> Ativa o modo de debug.

-r:

> Ativa a emulação de rlogin.

-l usuário:

> Faz a conexão usando usuário como identificação.

376 | *Comandos Linux: Prático e didático*

Exemplos:

```
# telnet 192.168.0.1
```

Um exemplo básico.

Pode-se fazer uma conexão indicando a porta, sendo que a default é a 23.

```
# telnet -l marco 192.168.0.1
```

Solicita uma conexão como o usuário marco na máquina 192.168.0.1.

Dica:

> O telnet é muito útil, mas não é muito seguro, pois tudo o que você digita, ou melhor, tudo o que trafega, é enviado em texto aberto, inclusive a senha. Atualmente usa-se o SSH.

---

tex

Um sistema de processamento de textos para formatação de documentos.

Comandos Linux: Prático e didático | **377**

then

Usado com o comando if.

Exemplo:

```
if ! grep ´adsl-start´ /etc/rc.d/rc.local ; then
    Execute isso
fi
```

time

Serve para "calcular" e exibir o tempo que se leva para a execução de um comando.

Sintaxe: time comando

Exemplo:

```
# time ls -la /var
```

Mostra o tempo gasto para executar o comando ls no diretório especificado, conforme a próxima figura:

```
192.168.0.1 - PuTTY                                    _□×
drwxr-xr-x   4 root root 4096 2005-11-16 11:23 state
drwxrwxrwt   2 root root 4096 2005-11-29 23:03 tmp

real    0m0.044s
user    0m0.027s
sys     0m0.011s
[root@firewall /]#
```

timeconfig

Configura parâmetros de hora. Define a zona de tempo (timezone) para seu sistema.

378 | *Comandos Linux: Prático e didático*

timed

Roda o daemon do serviço de hora.

timedc

Controla o daemon timed.

tload

Gráfico com os recursos do sistema.

Para o help, digite:

```
# tload —help
```

tm

Na verdade, o tm não é um comando, e sim um alias do comando tail, conforme mostra a próxima figura:

```
[root@firewall /]# alias
alias cds='cd /etc/rc.d/init.d && ls'
alias cp='cp -i'
alias l='ls -laF --color=auto'
alias ls='ls --color=auto'
alias m='minicom -s -con -L'
alias minicom='minicom -s -con -L'
alias mv='mv -i'
alias rm='rm -i'
alias tm='tail -f /var/log/messages'
alias tmm='tail -f /var/log/maillog'
alias tms='tail -f /var/log/secure'
alias which='type -path -a'
[root@firewall /]#
```

Ele simplesmente executará o comando tail –f /var/log/messages.

top

Mostra os processos que estão acontecendo no momento, em ordem de prioridade, atualizando-se de tempo em tempo.

Sintaxe: top opção

Algumas opções:

-c:

Mostra a linha de comando completa.

-d tempo:

Atualiza a tela após o tempo especificado em segundos, sendo que o default é de 5 segundos.

-s:

Executa em modo seguro.

Exemplos:

top -d 10

Inicia o top e atualiza-o a cada 10 segundos.

top

Será mostrado algo parecido com a próxima figura:

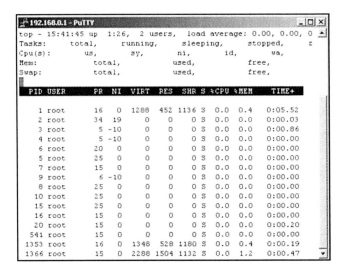

Neste caso, é possível usar a barra de espaço para que a tela seja atualizada imediatamente.

> **Dica:**
>
> Para encerrar a execução do comando top, pressione CTRL C ou simplesmente q.

touch

Atualiza o registro da última atualização do arquivo e, caso o arquivo não exista, ele é criado. Na verdade, o touch é mais usado para se criar um arquivo.

Exemplo:

touch teste9.txt

Cria o arquivo teste9.txt com data atual.

Comandos Linux: Prático e didático | 381

Dicas:

- Nomes de arquivos podem ter até 256 caracteres.
- A opção -t altera a data e a hora do último acesso/ modificação de um arquivo.

tput

Posiciona o cursor na tela numa posição especificada. Este comando é mais utilizado em scripts.

Exemplo:

```
# tput cup 10 20
```

Posiciona o cursor na linha 10, coluna 20.

tr

Apaga ou altera caracteres.

Sintaxe: tr -d expressão1 expressão2

-d:

Remove os caracteres informados na expressão1.

expressão1:

Caracteres que serão alterados ou deletados.

expressão2:

Caracteres que substituirão os caracteres definidos na expressão1.

Exemplos:

tr abc DEF

Altera os caracteres (a b c) para (D E F).

tr a-z A-Z < teste9

Exibe o arquivo teste9 substituindo as letras minúsculas por maiúsculas.

Também é possível eliminar caracteres com o comando tr. Por exemplo,

tr -d a-fz < teste8

Exibe o arquivo teste8 deleta os caracteres do "a" ao "f" e o "z".

Veja o conteúdo do arquivo novoab, conforme a figura:

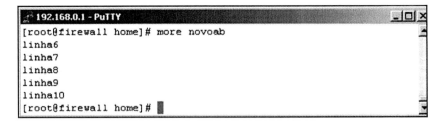

Com o comando:

tr a-i A-I < novoab

Veja o resultado, conforme a próxima figura:

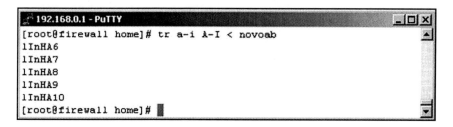

```
# tr -d '\r' < file
```

Converte arquivo texto DOS para Linux.

Dica:

> Para definir um conjunto de caracteres com o comando tr, use o hífen.

traceroute

Mostra a rota de um host até o outro, ou melhor, exibe todo o caminho percorrido de um pacote quando saiu de um host até chegar ao host destino, e a mensagem passa por 13 computadores até chegar ao final.

Sintaxe: traceroute opção host

Opções:

-i:

Especifica a interface de saída.

-r:

Tenta anular as tabelas de roteamento para ir (pular) para um host anexado.

tree

Apresenta, em formato de árvore, o conteúdo de um diretório, ou seja, a listagem dos arquivos e subdiretórios de uma maneira "mais amigável".

Sintaxe: tree opção diretório

Opções:

-d:

Lista somente os subdiretórios.

-a:

Lista todos os arquivos, inclusive os ocultos.

-f:

Exibe o caminho completo dos arquivos.

-p:

Exibe as permissões dos arquivos.

Dica:

Caso o usuário não forneça o nome do diretório, assume-se o diretório atual.

Comandos Linux: Prático e didático | **385**

true

É mais usado em scripts e retorna um status de saída de sucesso.

Exemplo:

```
while true
do
   comandos
   .
   .
   .
done
```

tset

Escolhe o tipo de terminal.

tty

Indica um terminal em uso por um dispositivo ou até mesmo por um usuário.

Exemplo:

```
# tty
```

Deverá retornar algo parecido com a próxima figura:

```
192.168.0.1 - PuTTY                                    _ □ ×
[root@firewall home]# tty
/dev/pts/3
[root@firewall home]#
```

tunelp

Permite o ajuste de portas paralelas. É pouco utilizado.

type

Um comando interno do shell que exibe a localização de um arquivo executável.

Veja também: file

Sintaxe: type arquivo

Exemplos:

type iptables

Será mostrado algo conforme a próxima figura:

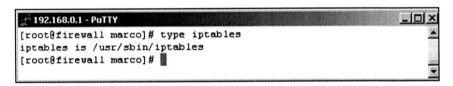

type mc

Será mostrado algo conforme a próxima figura:

CAPÍTULO

uid

De "User Identification". Número de identificação do usuário, que serve basicamente para o sistema monitorar e verificar as permissões do mesmo.

O número de UID zero é do root.

umask

Define as permissões quando da criação de novos arquivos e diretórios. Quando é criado um arquivo ou um diretório, este, por default, recebe uma certa permissão. Então, na prática, quando um usuário cria um arquivo, o sistema associa ao mesmo um conjunto de permissões.

Veja também: chmod

Sintaxe: umask

Para verificar a configuração atual do umask, digite as linhas conforme a próxima figura:

388 | *Comandos Linux: Prático e didático*

Para alterar, por exemplo:

```
# umask 002
# umask 003
# umask 001
```

Irei configurar para:

```
192.168.0.1 - PuTTY                                    _ |□| x
[root@firewall home]# umask 001
[root@firewall home]#
```

Agora, criando um arquivo de nome teste5 e depois vendo as permissões:

```
192.168.0.1 - PuTTY                                    _ |□| x
[root@firewall home]# touch teste5
[root@firewall home]# ls -la
total 32
drwxr-xr-x   5 root     root      4096 2005-12-05 21:59 .
drwxr-xr-x  20 root     root      4096 2005-12-05 20:47 ..
drwx------   3 desliga  desliga   4096 2005-12-02 17:34 desliga
drwx------   2 root     root     16384 2005-11-16 11:22 lost+found
drwx------   5 marco    marco     4096 2005-12-05 12:23 marco
-rw-rw-rw-   1 root     root         0 2005-12-05 21:59 teste5
[root@firewall home]#
```

umount

Desmonta um sistema de arquivo.

Veja também: mount

Opção:

-r:

No caso de a desmontagem falhar, tenta remontar apenas para leitura.

Comandos Linux: Prático e didático | 389

Exemplos:

```
# umount /dev/fd0
```

```
# umount /mnt/floppy/
```

Dois exemplos para desmontar o floppy.

Dica:

> Na desmontagem de um sistema de arquivos, o diretório não deve ser o seu corrente, assim como de outro usuário.

unalias

Remove um alias criado.

Veja também: alias

Exemplo:

unalias dir

Remove o alias "dir" criado pelo comando alias.

uname

Mostra informações do sistema (nome da máquina, data, kernel, processador etc.).

Sintaxe: uname opção

390 | *Comandos Linux: Prático e didático*

Algumas opções:

-a:

Exibe todas as informações.

-m:

Exibe o tipo de máquina (hardware).

-n:

Exibe o nome de rede da máquina.

-r:

Exibe a versão do kernel.

-s:

Exibe o nome do sistema operacional.

-v:

Exibe a data de compilação do kernel.

Exemplos:

uname -a

Mostra o sistema operacional, com a versão, nome da máquina, data da compilação etc., conforme a próxima figura:

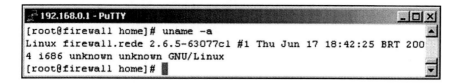

uname

Caso nenhuma opção seja definida, apenas o nome do sistema operacional é apresentado, conforme a próxima figura:

Neste exemplo, tem a mesma função com a opção -s.

unarj

Descompacta arquivos arj.

Exemplo:

unarj arquivo.arj.

uncompress

Descompacta arquivos que foram compactados pelo compress.

Sintaxe: uncompress arquivo

Exemplos:

uncompress teste1

Descompacta o arquivo teste1.

392 | *Comandos Linux: Prático e didático*

uncompress –c teste2

Descompacta o arquivo teste2 e não sobrepõe o arquivo compactado antigo.

uniq

Compara arquivos, ordenados, procurando linhas duplicadas, e, depois, remove-as.

Sintaxe: unique opção arquivo

Opções:

-u:

Exibe apenas as linhas que não estejam repetidas.

-c:

Exibe o número de ocorrências de cada linha do arquivo.

-d:

Exibe apenas as linhas com mais de uma ocorrência, onde cada linha é mostrada apenas uma vez.

-D:

Exibe todas as linhas com mais de uma ocorrência. Se uma determinada linha possui duas ocorrências, ela é exibida duas vezes.

-i:

Ignora a diferença entre letras maiúsculas e letras minúsculas.

Exemplos:

Veja o conteúdo do arquivo teste14, conforme a próxima figura:

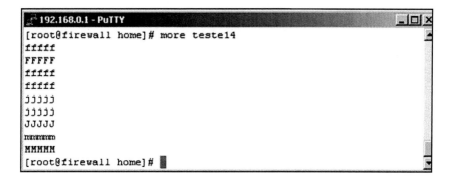

Agora veja a execução dos comandos, nas figuras:

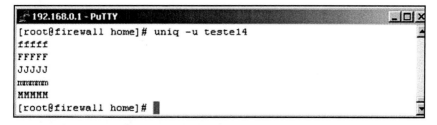

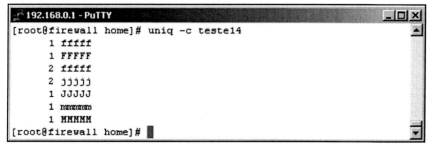

Dica:

Caso o nome de um arquivo não seja definido junto com o comando uniq, o sistema usará a entrada padrão para receber os dados.

unset

Apaga uma variável de ambiente.

Sintaxe: unset variável

Veja também: export

Exemplo:

unset VARIAVEL

Apaga a variável de ambiente de nome VARIAVEL.

until

Tem as mesmas características do while, a única diferença é que ele faz o contrário.

Sintaxe:

```
until  CONDIÇÃO
   do
        comandos
done
```

Exemplo:

```
variavel="naovalor"
until [ $variavel = "valor" ]
   do
        comando1
        comando2
done
```

Comandos Linux: Prático e didático | **395**

Em vez de executar o bloco de comandos (comando1 e comando2) até que a expressão se torne falsa, o until testa a expressão e executa o bloco de comandos até que a expressão se torne verdadeira. No exemplo, o bloco de comandos será executado desde que a expressão $variavel = "valor" não seja verdadeira. Se no bloco de comandos a variável for definida como "valor", o until irá parar de executar os comandos quando chegar ao done.

Um exemplo para o until que, invertido, funciona como o while:

```
var=1
count=0
until [ $var = "0" ]
   do
            comando1
            comando2
            if [ $count = 9 ]; then
            var=0
   fi
   count='expr $count + 1'
done
```

Primeiro, atribuímos à variável "$var" o valor "1". A variável "$count" será uma contagem para quantas vezes quisermos executar o bloco de comandos. O until executa os comandos 1 e 2, enquanto a variável "$var" for igual a "0". Então, usamos um if para atribuir o valor 0 para a variável "$var", se a variável "$count" for igual a 9. Se a variável "$count" não for igual a 0, soma-se 1 a ela. Isso cria um laço que executa o comando 10 vezes, porque a cada vez que o comando do bloco de comandos é executado, soma-se 1 à variável "$count", e, quando chega em 9, a variável "$var" é igualada a zero, quebrando assim o laço until.

unzip

O comando unzip irá listar, testar ou extrair arquivos de um arquivo compactado. O padrão é extrair arquivos de um arquivo.

Sintaxe: unzip arquivo

Exemplos:

`# unzip -l livro.zip`

Apenas mostra o conteúdo do arquivo livro.zip, sem descompactá-lo, conforme mostra a figura:

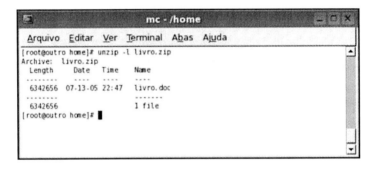

`# unzip -c livro.zip`

Descompacta o arquivo livro.zip.

updatedb

Cria e atualiza a base de dados de nomes de arquivos para o uso do comando locate, que serve para pesquisar nomes de arquivos.

O banco de dados de nomes de arquivos é chamado de locatedb e fica localizado em /var/lib ou /var/lib/slocate/slocate.db.

Veja também: locate

Sintaxe: updatedb

Comandos Linux: Prático e didático | 397

uptime

Retorna a hora atual, a carga do sistema, a quantidade de usuários conectados e o período de tempo de execução do sistema.

Sintaxe: uptime

Exemplo:

```
# uptime
```

Deverá ser mostrado algo parecido com a próxima figura:

```
192.168.0.1 - PuTTY                                      _ [] x
[root@firewall marco]# uptime
 21:48:59 up  3:50,  2 users,   load average: 0.00, 0.00, 0.00
[root@firewall marco]#
```

Após logar mais um usuário no sistema, veja o resultado, conforme a próxima figura:

```
192.168.0.1 - PuTTY                                      _ [] x
[root@firewall marco]# uptime
 21:50:29 up  3:51,  3 users,   load average: 0.00, 0.00, 0.00
[root@firewall marco]#
```

useradd

Cria um usuário, sem senha, no sistema, e, por default, é automaticamente criado um diretório em /home com o mesmo nome do usuário.

Os dados do usuário são colocados no arquivo /etc/passwd e os dados do grupo são colocados no arquivo /etc/group.

Caso esteja usando senhas ocultas, conhecido como "shadow" para os usuários, elas serão colocadas no arquivo /etc/shadow e as senhas dos grupos no arquivo /etc/gshadow.

A configuração padrão usada pelo comando useradd é definida no arquivo /etc/default/useradd e em /etc/login.defs. Veja o conteúdo do primeiro arquivo, conforme a próxima figura:

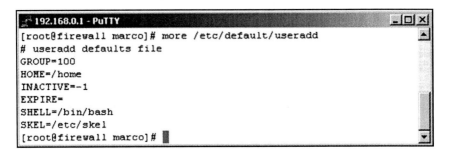

O comando useradd cria uma entrada para o usuário no arquivo /etc/passwd, contendo o nome do usuário, o diretório etc. Veja um exemplo do final do arquivo, conforme a próxima figura:

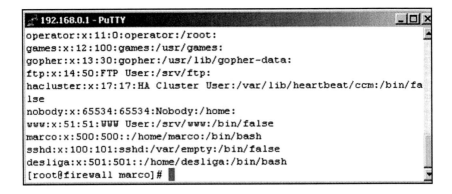

Veja também: adduser

Sintaxe: useradd opção usuário

Opções:

-s shell:

   Define o shell do usuário.

Comandos Linux: Prático e didático | **399**

-u uid:

Define o valor do uid do usuário.

-d diretório:

Define o diretório home do usuário; caso contrário, será criado um diretório, como, por exemplo, /home/marco ou /home/amarildo etc.

-e:

Define a data de expiração da conta, sendo no formato MM/DD/AA.

-g grupo:

Define o grupo do usuário.

-G grupo(s):

Define outros grupos a que o usuário pode pertencer.

Exemplos:

useradd marco

Inclui o usuário marco.

useradd –d /home/lunardi marco

Inclui o usuário marco e também cria o seu diretório home, que será /home/lunardi, e não o default /home/marco.

Comandos Linux: Prático e didático

useradd –e 11/04/06 marco

Cria o usuário marco e define que a conta irá expirar em 11/04/06, sendo MM/DD/AA.

useradd marco –g admin

Cria o usuário marco no grupo admin. O grupo deve ser criado primeiro.

useradd -g professor leticia

Cria usuário leticia no grupo professor.

Dica:

```
# useradd marco
# echo qwerty | passwd marco – stdin
```

Cria o usuário marco e já define uma senha (qwerty) para o mesmo.

---

userconf

É uma ferramenta de configuração de usuários e faz parte do pacote do linuxconf.

userdel

Apaga um usuário do sistema.

Sintaxe: userdel usuário

Comandos Linux: Prático e didático | **401**

Veja também: adduser e useradd

Exemplos:

userdel marco

Exclui o usuário marco.

userdel –r marco

Exclui o usuário marco e seu respectivo diretório em /home. Caso o usuário tenha algum arquivo em outro local, este arquivo não será excluído automaticamente, ou seja, é necessário que você saiba que ele exista, onde está e deletá-lo manualmente.

usermod

Altera dados da conta do usuário, tais como ID, shell, grupo etc.

Sintaxe: usermod opção usuário

Opções:

-e MM/DD/AA:

Define uma data de expiração da conta.

-s shell:

Altera o shell do usuário.

-u uid:

Altera o UID do usuário.

402 | *Comandos Linux: Prático e didático*

-d diretório [-m]:

Cria um novo diretório home para o usuário, e a opção -m faz com que o diretório atual do usuário seja movido para o novo diretório.

-g grupo:

Altera o grupo padrão do usuário.

-G grupo(s):

Define outro(s) grupo(s) ao(s) qual(is) o usuário pertencerá.

-l usuário: (letra ele minúsculo)

Altera o nome do usuário.

Exemplos:

usermod -l lunardi marco

Altera o nome de login atual (marco) para o novo (lunardi). Permanece a senha.

usermod –G professor,aluno nelson

Adiciona o usuário Nelson ao grupo Aluno, além daquele ao qual ele já fazia parte, o grupo Professor.

usermod -s sh lunardi

Altera o shell do usuário lunardiz para o novo (sh).

users

Mostra os usuários logados ao sistema.

Sintaxe: users

Exemplos:

users

Será retornado algo parecido com a próxima figura:

Depois o usuário root loga-se ao sistema, e o retorno do comando será:

Temos, então, os usuários "marco" e "root" logados ao sistema.

uucp

Execução UNIX para UNIX.

uudecode

Decodifica um arquivo codificado com o uuencode. Arquivos codificados em uuencoded, na maioria das vezes são usados para transferência de arquivos em e-mails (os não textos).

Veja também: uuencode

uuencode

Codifica um arquivo binário numa forma (ASC II) que os mesmos podem ser usados em alguns aplicativos.

Sintaxe: uuencode arquivo

Veja também: uudecode

CAPÍTULO

variáveis

Variáveis são caracteres que armazenam dados, uma espécie de atalho. O bash reconhece uma variável quando ela começa com $.

Exemplos:

Digite:

```
# variavel="teste"
```

E depois:

```
# echo $variavel
```

Deverá aparecer:

```
teste
```

Veja a seqüência dos comandos na próxima figura:

```
192.168.0.1 - PuTTY
[root@firewall marco]# variavel="teste"
[root@firewall marco]# echo $variavel
teste
[root@firewall marco]#
```

406 | *Comandos Linux: Prático e didático*

Neste exemplo, a palavra teste foi atribuída a variável de nome variável.

```
# DATA=`date +%m%d%y`
```

Se digitar:

```
# echo $DATA
```

Irá retornar:

```
011206
```

O comando date, como especificado acima, irá retornar o valor 011206, onde 01 indica o mês de janeiro, 12 o dia do mês e 06 o ano.

Importante notar as aspas invertidas (` `). Ao delimitar um comando por aspas invertidas, você está indicando que está interessado no resultado do comando, que, por sua vez, será atribuído à variável.

```
# variavel="Hoje é `date`"
# echo $variavel
```

Deverá retornar a data completa e, antes dela, "Hoje é".

```
# echo "Qual seu nome ? " ; read variavel
```

Deverá aparecer:

Qual seu nome ?

Veja na próxima figura o resultado:

```
192.168.0.1 - PuTTY                                          _ □ x
[root@firewall marco]# echo "Qual seu nome ?" ; read teste
Qual seu nome ?
Marco Lunardi
[root@firewall marco]# echo $teste
Marco Lunardi
[root@firewall marco]#
```

vdir

Lista um diretório num formato longo.

Sintaxe: vdir

Veja também: dir e ls

Exemplo:

```
# vidr
```

```
192.168.0.1 - PuTTY                                          _ □ x
[root@firewall home]# vdir
total 28
drwx------  3 desliga desliga  4096 2005-12-12 22:38 desliga
drwx------  2 root    root    16384 2005-12-12 09:21 lost+found
drwx------  4 marco   marco    4096 2005-12-20 22:34 marco
drwxr-xr-x  2 root    root     4096 2005-12-12 13:05 sistema
[root@firewall home]#
```

vi

Vi é um editor de textos ASCII poderoso e muito usado no Linux para edição de arquivos e programas. À primeira vista, o uso do vi não é muito atraente, mas a edição simples de textos pode ser feita usando poucos comandos.

No vi temos o "modo de operação" e o "modo de inserção". No modo de operação, espera comandos do teclado. No modo de inserção, tudo o que for digitado é encarado como texto a ser inserido.

Para executar o vi, digite:

```
# vi
```

Inicia o vi, conforme mostra a figura:

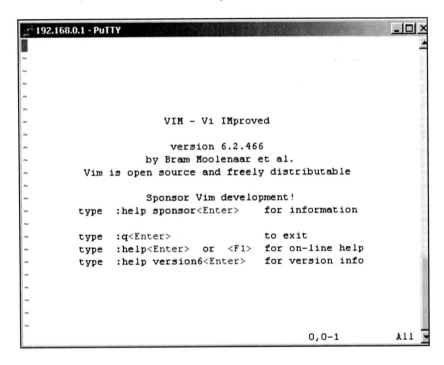

Para sair, tecle q <ENTER>.

```
# vi teste34
```

Inicia o vi abrindo o arquivo teste34 ou, caso não exista, é criado.

Comandos Linux: Prático e didático | 409

Comandos

Modo Texto - Comandos de inserção de texto:

I (ele em minúsculo) Insere texto antes do cursor.

r (minúsculo)   Insere texto no início da linha, onde se encontra o cursor.

a (minúsculo)   Insere texto depois do cursor.

A   Insere texto no fim da linha onde se encontra o cursor.

o (minúsculo)   Adiciona uma linha abaixo da linha corrente.

O (maiúsculo)   Adiciona uma linha acima da linha corrente.

Ctrl+h(minúsculo) Apaga último caracter.

Ctrl+w(minúsculo) Apaga última palavra minúscula.

Esc   Passa para o modo comando.

Modo Comando - Comandos para movimentação pelo texto:

Ctrl+f(minúsculo) Passa para a tela seguinte.

Ctrl+b(minúsculo) Passa para a tela anterior.

H (maiúsculo)   Move o cursor para a primeira linha da tela.

M (maiúsculo)   Move o cursor para o meio da tela.

L (maiúsculo)   Move o cursor para a última linha da tela.

h (minúsculo)   Move o cursor caracter à esquerda.

j (minúsculo)   Move o cursor para a linha abaixo.

k (minúsculo)   Move o cursor para a linha acima.

410 | *Comandos Linux: Prático e didático*

l (minúsculo)	Move o cursor para caracter à direita.
w (minúsculo)	Move o cursor para o início da próxima palavra, ignorando a pontuação.
W (maiúsculo)	Move o cursor para o início da próxima palavra, não ignorando a pontuação.
b (minúsculo)	Move o cursor para o início da palavra anterior, ignorando a pontuação.
B (maiúsculo)	Move o cursor para o início da palavra anterior, não ignorando a pontuação.
0 (zero)	Move o cursor para o início da linha corrente.
^	Move o cursor para o primeiro caracter não branco da linha.
$	Move o cursor para o fim da linha corrente.
nG	Move para a linha n.
G	Move para a última linha do arquivo.

Comandos para localização de texto:

/palavra	Procura pela palavra ou caracter acima ou abaixo do texto.
?palavra	Move para a ocorrência anterior da palavra (para repetir a busca, basta usar n).
n (minúsculo)	Repete o último / ou ? comando.
N (maiúsculo)	Repete o último / ou ? comando na direção reversa.
Crtl+g(minúsculo)	Mostra o nome do arquivo, o número da linha corrente e o total de linhas.

Comandos *Linux: Prático e didático* | 411

Comandos para alteração de texto:

x (minúsculo)	Deleta um caracter que está sobre o cursor.
dw (minúsculo)	Deleta a palavra, do início da posição do cursor até o fim.
dd (minúsculo)	Deleta a linha inteira onde o cursor está.
D (maiúsculo)	Deleta a linha a partir da posição do cursor em diante.
rx (minúsculo)	Substitui o caracter sob o cursor pelo especificado x (é opcional indicar o caracter).
Rtexto	Substitui o texto corrente pelo texto indicado (opcional indicar o texto adicionado).
cw (minúsculo)	Substitui a palavra corrente. Pode-se inserir o novo conteúdo da palavra automaticamente.
cc (minúsculo)	Substitui a linha corrente. Pode-se inserir o novo conteúdo da linha automaticamente.
C (maiúsculo)	Substitui o restante da linha corrente. Pode-se inserir o texto logo após o comando.
u (minúsculo)	Desfaz a última modificação.
U (maiúsculo)	Desfaz todas as modificações feitas na linha (se o cursor não tiver mudado de linha).
J (maiúsculo)	Une a linha corrente à próxima.
s:/velho/novo	Substitui a primeira ocorrência de "velho" por "novo".

412 | *Comandos Linux: Prático e didático*

Comandos para salvar/sair o texto:

:wq

Salva as alterações no arquivo e sai do editor.

:w arquivo

Salva o arquivo corrente com outro nome e continua a edição.

:w! arquivo

Salva o arquivo corrente no arquivo especificado.

:q

Sai do editor. Se mudanças não tiverem sido salvas, é apresentada uma mensagem de advertência.

:q!

Sai do editor sem salvar as alterações realizadas.

vigr

Um editor de texto que serve somente para editar o arquivo /etc/group.

Para alterar o editor padrão, deve-se alterar, ou definir, caso não exista, a variável ambiente EDITOR, como, por exemplo, o comando export EDITOR=vi,

Sintaxe: vigr

Exemplo:

```
# vigr
```

Abrirá o arquivo para edição:

Comandos Linux: Prático e didático | 413

```
192.168.0.1 - PuTTY                                    _ □ x
root:x:0:root
bin:x:1:root,bin,daemon
daemon:x:2:root,bin,daemon
sys:x:3:root,bin,adm
adm:x:4:root,adm,daemon
tty:x:5:
disk:x:6:root
lp:x:7:daemon,lp
mem:x:8:
kmem:x:9:
wheel:x:10:root
mail:x:12:mail
news:x:13:news
uucp:x:14:uucp
man:x:15:
console:x:16:
haclient:x:17:
floppy:x:19:
games:x:20:
cdrom:x:24:
audio:x:29:
gopher:x:30:
dip:x:40:
"/etc/gtmp" 35L, 492C                      1,1           Top
```

Para sair, tecle q <ENTER>,

vim

De "VI Improvement". Um editor de textos em formato ASCII que, na verdade, é uma melhoria do editor vi. O vim possui três formas de trabalho: modo de linha, modo de edição e modo de comandos. A mudança de um modo para outro modo é feita através do uso da tecla Esc.

Sintaxe: vim opção arquivo

Algumas opções:

-b:

Permite editar arquivo binário.

414 | *Comandos Linux: Prático e didático*

-h:

Exibe opções do aplicativo.

vipw

Um editor de texto que somente serve para editar o arquivo /etc/passwd.

Para alterar o editor padrão, deve-se alterar, ou definir, caso não exista, a variável ambiente EDITOR, como, por exemplo, o comando export EDITOR=vi.

Sintaxe: vipw

Exemplo:

```
# vipw
```

Abrirá o arquivo para edição:

```
192.168.0.1 - PuTTY
root:x:0:0:root:/root:/bin/bash
bin:x:1:1:bin:/bin:
daemon:x:2:2:daemon:/sbin:
adm:x:3:4:adm:/var/adm:
lp:x:4:7:lp:/var/spool/lpd:
sync:x:5:65:sync:/sbin:/bin/sync
shutdown:x:6:66:shutdown:/sbin:/sbin/shutdown
halt:x:7:67:halt:/sbin:/sbin/halt
mail:x:8:12:mail:/var/spool/mail:
news:x:9:13:news:/var/spool/news:
uucp:x:10:14:uucp:/var/spool/uucp:
operator:x:11:0:operator:/root:
games:x:12:100:games:/usr/games:
gopher:x:13:30:gopher:/usr/lib/gopher-data:
ftp:x:14:50:FTP User:/srv/ftp:
hacluster:x:17:17:HA Cluster User:/var/lib/heartbeat/ccm:/bin/f
alse
nobody:x:65534:65534:Nobody:/home:
www:x:51:51:WWW User:/srv/www:/bin/false
marco:x:500:500::/home/marco:/bin/bash
sshd:x:100:101:sshd:/var/empty:/bin/false
desliga:x:501:501::/home/desliga:/bin/bash
~
"/etc/ptmp" 21L, 755C                          1,1          All
```

Para sair, tecle q <ENTER>.

visudo

Edita o arquivo /etc/sudoers.

Quando o mesmo é executado, o arquivo é bloqueado e após a edição/gravação o mesmo é liberado. Deve ser executado pelo root.

Para alterar o editor padrão, deve-se alterar, ou definir, caso não exista, a variável ambiente EDITOR, como, por exemplo, o comando export EDITOR=vi.

vlock

Trava um terminal local que esteja em modo texto. Um método não muito usado, sendo mais recomendado simplesmente fazer um logout.

vmstat

Mostra informações sobre a memória virtual.

Sintaxe: vmstat

Exemplo:

vmstat

Deverá mostrar uma tela conforme a próxima figura:

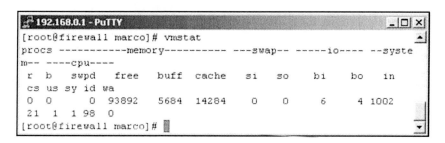

CAPÍTULO

W

Mostra uma lista de usuários correntes e as tarefas que estão executando.

Sintaxe: w usuário

Exemplos:

`# w`

Será retornado algo parecido com a próxima figura:

```
[root@firewall marco]# w
 22:20:17 up  1:28,  2 users,  load average: 0,00, 0,00, 0,00
USER     TTY      LOGIN@   IDLE   JCPU   PCPU WHAT
root     tty1     22:05    5:28   0.42s  0.13s tail -f /var/log/
marco    pts/6    22:19    0.00s  0.16s  0.07s sshd: marco [priv
[root@firewall marco]#
```

Neste exemplo, temos os usuários marco e o root.

`# w marco`

Veja o resultado:

418 | *Comandos Linux: Prático e didático*

```
192.168.0.1 - PuTTY                                      _|□|×|
[root@firewall marco]# w marco
 22:22:47 up  1:30,  2 users,  load average: 0,00, 0,00, 0,00
USER     TTY      LOGIN@   IDLE   JCPU   PCPU WHAT
marco    pts/6    22:19    0.00s  0.18s  0.07s sshd: marco [priv]
[root@firewall marco]#
```

wall

Exibe o conteúdo da entrada padrão em todos os terminais de todos os usuários atualmente com acesso, ou seja, envia uma mensagem para todos no terminal.

Sintaxe: wall mensagem

Exemplo:

```
# wall isto é um teste
```

Veja o resultado, conforme a próxima figura:

```
192.168.0.1 - PuTTY                                      _|□|×|

Broadcast message from root (tty1) (Wed Dec  7 22:25:14 2005):

isto é um teste
```

Este comando foi executado numa máquina, e a tela anterior copiada de uma outra máquina, ou seja, o envio da mensagem. A execução deste comando gera um log no arquivo /var/log/messages, conforme mostram os dois registros na próxima figura:

```
192.168.0.1 - PuTTY                                      _|□|×|
Dec  7 22:24:51 firewall wall[2024]: wall: user root broadcasted 1
 lines (7 chars)
Dec  7 22:25:14 firewall wall[2027]: wall: user root broadcasted 1
 lines (17 chars)
[root@firewall marco]#
```

watch

Executa um comando num certo intervalo de tempo.

Exemplo:

watch -n 5 clear

Executa o comando clear a cada 5 segundos.

watch -tn 5 clear

Executa o comando clear a cada 5 segundos e não mostra (opção -t) um título que o watch costuma mostrar. Este título é mostrado na próxima figura:

wc

Mostra o número de palavras, linhas e caracteres de um arquivo.

Exemplos:

wc -c teste14

Mostra a quantidade de caracteres existentes no arquivo teste14, conforme a próxima figura:

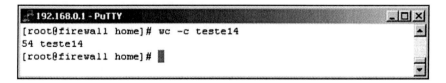

wc -l teste14

Mostra a quantidade de linhas existentes no arquivo teste14.

wc -w teste14

Mostra a quantidade de palavras existentes no arquivo teste14.

Quando for usado o comando sem opção, serão mostradas todas as opções, sendo, na seqüência, quantidade de linhas, quantidade de palavras, bytes e o nome do arquivo, conforme mostra a próxima figura:

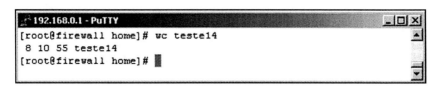

wget

Baixa arquivos da Internet, ou melhor, faz download, usando, é claro, o terminal.

Opções:

-V:

Mostra informações.

-h:

Mostra o help.

Exemplo:

wget http://sarg.mcl.ru/9x/sarg-1...

Baixa o arquivo sarg-1... do site especificado.

whatis

Este comando procura palavras-chave num banco de dados que possui algumas descrições dos comandos do sistema. Para que ele funcione, é necessário primeiramente criar o banco de dados, e isto é feito com o comando makewhatis:

makewhatis

Sintaxe: whatis comando

whereis

Localiza, ou melhor, tenta localizar, o arquivo que contém uma página de manual, o arquivo binário e o fonte de um determinado comando. A pesquisa é feita usando-se os caminhos de páginas de manuais configuradas no sistema.

Sintaxe: whereis comando

Exemplos:

whereis nmap

Veja o resultado da pesquisa na próxima figura:

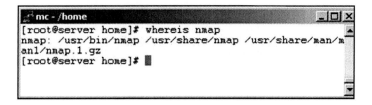

whereis mc

Veja o resultado da pesquisa na próxima figura:

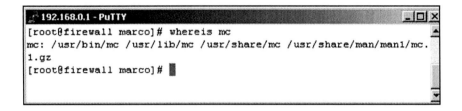

which

Mostra a localização de um arquivo executável no sistema. A pesquisa de arquivos executáveis é feita através do path do sistema.

Sintaxe: which comando (ou programa)

Exemplos:

which mc

Veja o resultado da pesquisa na próxima figura:

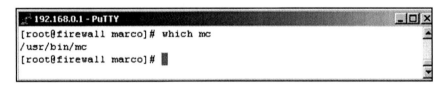

which shutdown

Veja o resultado da pesquisa na próxima figura:

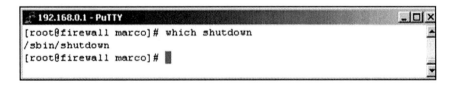

Comandos Linux: Prático e didático | **423**

while

O while testa continuamente (um loop) uma expressão até que ela se torne falsa.

Sintaxe:

```
while  CONDIÇÃO
    do
        comandos
done
```

Exemplo:

```
variavel="valor"
while [ $variavel = "valor" ]
    do
        comando1
        comando2
done
```

Enquanto a "$variavel" for igual a "valor", o while ficará executando os comandos 1 e 2, até que a "$variavel" não seja mais igual a "valor". Se no bloco dos comandos a "$variavel" mudasse, o while iria parar de executar os comandos quando chegasse em done, pois agora a expressão $variavel = "valor" não seria mais verdadeira.

who

Mostra quais usuários estão acessando o sistema e as sessões. Este comando lista os nomes de usuários que estão conectados em seu computador, o terminal e a data da conexão.

Sintaxe: who

424 | *Comandos Linux: Prático e didático*

Exemplos:

```
# who
```

Será mostrado algo parecido com a próxima figura:

```
192.168.0.1 - PuTTY                                    _|□|×
[root@firewall marco]# who
root      tty1         Dec  8 09:49
marco     pts/13       Dec  8 11:51  (192.168.0.98)
[root@firewall marco]#
```

Após eu conectar mais dois usuários, veja o resultado na próxima figura:

```
192.168.0.1 - PuTTY                                    _|□|×
[root@firewall marco]# who
root      tty1         Dec  8 09:49
marco     tty2         Dec  8 12:06
marco     tty3         Dec  8 12:06
marco     pts/13       Dec  8 11:51  (192.168.0.98)
[root@firewall marco]#
```

A tela anterior mostra que o usuário root está conectado na máquina local no terminal tty1; o usuário marco, também na máquina local, está nos terminais tty2 e tty3 e também conectado a partir de uma máquina remota (pts/13) de IP 192.168.0.98. Também mostra a data e hora da conexão.

who am i

Se você utilizou o comando su para trocar de usuário, o comando "who am i" informa a identificação a partir da qual você efetuou o login máquina.

Sintaxe: who am i

Exemplos:

Vamos a um exemplo para melhor explicar: eu me loguei remotamente como usuário marco e depois mudei (su) para o usuário root, então executando o comando:

who am i

Será mostrado algo conforme a próxima figura:

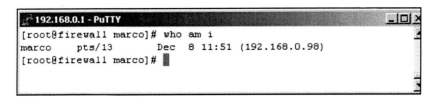

Agora, se eu executasse o comando:

whoami

Será mostrado algo conforme a próxima figura:

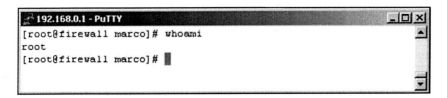

Então, o "whoami" mostra o usuário corrente e o "who am i" mostra com qual conta eu me loguei no sistema. Útil quando você usa várias contas e não sabe com qual nome entrou no sistema.

whois

Lista informações do adm.

426 | *Comandos Linux: Prático e didático*

write

Usado para escrever e enviar mensagens para outro usuário na rede. Um pouco diferente do comando talk, que serve para conversar, num terminal, em tempo real.

Sintaxe: write usuário ou write usuário terminal

Dicas:

- O comando who mostra os usuários conectados ao sistema, interessante saber antes de enviar uma mensagem.

- A opção "mesg n" do arquivo .bash_profile do usuário deverá estar habilitada; caso contrário, não será enviada a mensagem. Isto serve também para o comando talk. Veja um exemplo do conteúdo do arquivo .bash_profile:

```
mc - ~                                                    _□x
# .bash_profile

# Get the aliases and functions
if [ -f ~/.bashrc ]; then
        . ~/.bashrc
fi

# User specific environment and startup programs

PATH=$PATH:$HOME/bin
BASHENV=$HOME/.bashrc
USERNAME="root"

export USERNAME BASHENV PATH

mesg n
[root@firewall root]#
```

wvhtml

Um aplicativo que converte documentos Word para o formato html.

Sintaxe: wvHtml teste.doc > teste.html

CAPÍTULO

xargs

Concatena a execução de comandos, ou seja, executa um comando logo em seguida do outro, ou de outros.

Exemplos:

Veja o conteúdo do diretório, conforme a próxima figura:

```
[root@firewall home]# ls
desliga      marco      teste1    teste3    texto2
lost+found   sistema    teste2    texto1    texto3
[root@firewall home]#
```

Agora a execução do comando:

```
# ls tes* | xargs rm -f
```

Serão localizados, e depois excluídos, os arquivos iniciados por "tes".. Veja o resultado:

```
[root@firewall home]# ls
desliga    lost+found    marco    sistema    texto1    texto2    texto3
[root@firewall home]#
```

Agora vou criar novamente os arquivos apagados. Para um outro exemplo, continuaremos com o mesmo conteúdo no diretório:

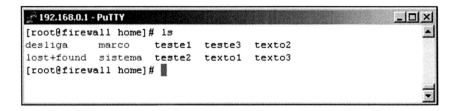

Usarei a execução do comando anterior, acrescentado mais um:

ls tes* | xargs rm -f | xargs ls

Serão localizados os arquivos iniciados por "tes", depois excluídos e, por último, será listado o conteúdo do diretório. Veja a execução e o resultado:

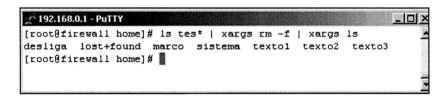

xinit

Inicia um servidor X-Windows puro (sem um gerenciador de janelas).

xterm

Abre um terminal a partir do terminal X.

xxd

Visualiza arquivo binário em base hexadecimal.

CAPÍTULO

ypdomainname

Mostra o nome de domínio NIS.

Veja também: hostname

Na verdade, o ypdomainname é um link para o comando hostname, conforme mostra a próxima figura:

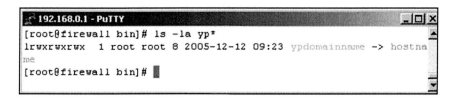

CAPÍTULO

zcat

De "zip cat". Mostra o conteúdo de um arquivo compactado. Não é muito comum efetuar isto por este comando, mas o zcap também descompacta.

Este comando é muito utilizado quando precisa-se ver o conteúdo de um arquivo compactado sem a necessidade de descompactá-lo.

Sintaxe: zcat arquivo.gz

zforce

Renomeia a extensão de arquivos para .gz. Na prática, é utilizado em arquivos obtidos que estão compactados, mas com outra extensão diferente de .gz.

Sintaxe: zforce arquivo

zgrep

Procura em arquivos compactados por um padrão especificado. Veja as opções do comando grep.

434 | *Comandos Linux: Prático e didático*

zgv

Exibe uma figura numa tela comum de vga, não sendo necessário o terminal X.

Sintaxe: zgv arquivo

zip

Compacta um ou mais arquivos e até mesmo diretórios.

Sintaxe: zip novo_arquivo arquivo_a_ser_compactado

Exemplos:

zip teste teste1

Compacta o arquivo teste1, gerando o arquivo teste.zip

zip teste teste1 teste2 teste3

Compacta os arquivos teste1, teste2 e teste3, gerando o arquivo teste.zip

zipgrep

Procura em arquivos compactados por um padrão especificado. Veja as opções do comando egrep.

zipinfo

Mostra informações sobre um arquivo compactado ZIP.

zmore

Visualiza o conteúdo de arquivos texto compactados. Seria como o uso do comando more listando o conteúdo de um arquivo.

znew

Converte um arquivo compactado pelo comando compress para um gzip. O compress gera arquivos com a extensão .z e o gzip com extensão .gz.

Impressão e acabamento
Gráfica da Editora Ciência Moderna Ltda.
Tel: (21) 2201-6662